SHODENSHA
SHINSHO

なぜ、東大生の3人に1人が公文式なのか?

おおたとしまさ

祥

JN230558

はじめに

拙著『ルポ塾歴社会　日本のエリート教育を牛耳る「鉄緑会」と「サピックス」の正体』（幻冬舎）執筆のために、受験エリートの最強集団である鉄緑会出身の東大医学部生を取材したときのこと。そのおよそ3人に2人が公文式の経験者であるという事実に出くわした。

中学受験ではサピックスに通い、有名中高一貫校に入学するとすぐに中高一貫校生向け大学受験塾の鉄緑会に通って東大受験対策を始めるという「王道」が存在するのだが、そのルーツをさらに遡《さかのぼ》るとどうやら公文式にたどり着くことがわかったのだ。

私はそこで「公文最強説!?」という見出しを立てた。それが本書の執筆につながった。いわば、本書は『塾歴社会外伝』である。

どこの街を歩いていても見かける水色の「ＫＵＭＯＮ」の看板。それもそのはず。全国には約1万6300の公文式の教室がある。全国の小学校数1万9943と比べればその多さが実感できるだろう。しかも現在あの看板は世界中の街でも見ることができる。49の国と地域に教室が広がっているのだ。

詳しくは本編で述べるが、今回新たに東大生１００人にアンケートをとってみると、実に３人に１人が公文式の出身者であることがわかった。前述医学部生の２/３よりは少ないもののやはり高い割合だった。

東大生も世界中の子供たちも通う公文式である。子をもつ親で、公文式を知らない人はいないだろう。しかし「公文式ってどんな教室？」に答えられる人は少ない。なんとなく「計算が得意になる学習教室。だけど塾とは違う……」くらいの認識の人が多いのではないだろうか。

そこで本書は、経験者、指導者、保護者、教育関係者などさまざまな立場の人の意見を集め、公文式のしくみや歴史にも触れながら、「なぜ東大生に公文式出身者が多いのか？」「なぜ世界中の子供が通うのか？」「そもそも公文式とは何なのか？」に迫《せま》る。

あなたの街にもきっとある「ＫＵＭＯＮ」の看板は、今日もあなたに問いかける。

「世界中の子供たちが通い、東大生の1／3が通った教室が目の前にあるのに、それを無視するだけの確固《かっこ》たる教育方針や教育メソッドがおありですか？」と。

目次

第3章 1枚のルーズリーフから始まった

第4章　速く進む子と続かない子の差は何か？

第5章　つるかめ算は本当に不要なのか？

図版　篠宏行

第1章

東大生の3人に1人は公文式出身

小6で因数分解、5歳で受動態の否定文

通常であれば高校1年生で学ぶ分数式の因数分解を、目の前で小学6年生の男の子がすらすらと解《と》いていく。その隣では、小学4年生の男の子が、中学1年生で習うはずの文字式を、少しつかえながらも解いていく。老舗《しにせ》の公文式の教室での風景だ。2人の男の子は兄弟。兄の雄太くん（仮名）は年中から、弟の健吾くん（仮名）は年少から、この教室に通っている。

弟は「公文式に通っているから学校の勉強が楽にわかる」と恥ずかしそうに笑う。兄は「数学は最終教材まで終えたいと思っています」と決意を語ってくれた。「公文式の宿題が終わったらゲームしていい」などというルールは一応決めているが、「運用は臨機応変《りんきおうへん》」と母親は笑う。

教室の先生は「お母さんの力だと思います。信念をもって取り組んでくれているので、助かります」と母親を讃《たた》える。母親が「でも最近ちゃんと宿題をやっていないんじゃないですか?」と聞くと、「いいえ。ちゃんとやってくれていますよ。お母さんはついできていないところに目がいってしまいますが、子供たちはちゃんとやってい

ます。たいしたものですよ」と先生がフォローする。先生と母親と子供たちの信頼の輪《わ》ができていることがわかる。

「最初のころは毎日の宿題をやらせるだけで大変で、何度も心が折《お》れそうになりました。隣について見ていないと、やってくれませんでしたから。でも今は、自分で目標を定めて、自分で量も調整してくれています。自分で勝手に勉強する習慣が付いたようです。勉強だけでなく、ほかのことも、自分で調べてやるようになりました。先生のおかげです」と母親は言う。

そうこうしていると、かわいらしいけれど流暢《りゅうちょう》な英語が聞こえてくる。傍《かたわ》らでは先生が、孫を見るような目で見守りながら、そっと耳を傾《かたむ》けている。

This is the news at seven.
A bear ran away from the zoo yesterday.
Its cage was not locked.
The bear was seen early this morning.

声の主《ぬし》はなんとまだ5歳、未就学児の女の子、麗ちゃん（仮名）。読んでいたのは「受動態の否定文」という単元《たんげん》で、通常なら中学2年生で習うものである。

その横では、弟の翼くん（仮名）が、「かけ算九九の逆」という単元のプリントを解いている。２×□＝４というような式の□に、数字を当てはめていく問題だ。割り算への導入になっている。翼くんは現在年少。しかしやっている単元は小学校３年生相当である。

「夫が高校生まで公文式をやっていたので、まるで公文式の信者みたいで（笑）。公文式をやっておけば絶対に大丈夫だからと、公文式をやらせることにしたんです」と母親。

公文式の宿題をやるのは毎日朝と決めている。朝起きて、30分くらい本の読み聞かせをしたら、公文式を30分くらいやるという流れ。教室の送り迎えは母親の役目だが、朝の公文式に付き添うのは公文式を知り尽くした父親の役割だ。麗ちゃんは３歳になってすぐ、翼くんはそれについていく形で３歳前から公文式に通っている。

「最初の1年くらいは順調でした。でもだんだん難しくなってくると、課題を終えるのにも時間がかかるようになります。私のほうが早く外に行って遊びたいと思ってしまうくらいで（笑）」と母親。

大人から見れば「なんでわからないの？」というような単純な問題を何度でも間違えるから、見ているほうのストレスはたまりやすい。しかし公文式では教えない。子供が自《みずか》ら気付くのを待つのが基本スタンスだ。親のメンタルタフネスが試される。

「公文式に来る前は、市販のドリルをやらせてみたりしていたんです。でも何をどういうふうにやればいいのかわからなくなってしまって……。公文式に来てからは、子供に合ったペースで指導してくれるので、助かります。それに子供たちは先生のことが大好きみたいで（笑）」と母親は先生に微笑《ほほえ》む。先生も「お母さんが本当によくやってくれています」と母親を讃える。

公文式のどこが好きかと尋《たず》ねると、姉は「先生が好き」と言う。弟は「国語が楽しい」と言う。その日の朝、ちょうどライト兄弟について書かれた国語の教材を読み、それが非常に強く印象に残っているようだ。

将来の夢も聞いてみた。麗ちゃんはしっかりと意思《いし》をもった様子で「お医者さんになりたい」と言う。翼くんもお姉ちゃんのまねをして、「お医者さんになってお母さんを助けたい」と言う。

「昨年私がちょっと体を壊しまして、それで心配してくれているんでしょう」と母親ははにかんだ。

先生は東京の片隅で、36年間に亘《わた》って公文式の教室を営《いとな》んでいる。今では教え子の子供を教えることも多いという。その穏《おだ》やかなまなざしはそれでいて自信《じしん》に満ちあふれ、子供たちへの深い愛情と揺《ゆ》るぎない信頼、保護者への尊敬、そして公文式に対する誇りを雄弁《ゆうべん》に物語っていた。

公文式は「塾歴社会」への登龍門《とうりゅうもん》!?

「公文最強説!?」

これは、2016年1月に発刊された拙著『ルポ塾歴社会 日本のエリート教育を牛耳る「鉄緑会」と「サピックス」の正体』(幻冬舎)の中で、私が使った見出しである。

「塾歴社会」とは、「学歴社会」における「勝ち組」が、実はごく限られた塾に通っている現状を表現したものである。

中学受験ではサピックスに通い、有名中高一貫校に入学するとすぐに中高一貫校生向け大学受験塾の鉄緑会に通い、東大受験対策を始めるという「王道」が存在するのだ。

その結果、今や、日本の学歴社会の最高峰・東大理Ⅲつまり医学部合格者の半数以上が鉄緑会出身者で占められているのである。

塾は、入試問題を分析し、それに合格するための効率の良いカリキュラムと勉強法を逆算して組み立てる。塾が入試を攻略した。いわば「受験工学」とでもいうような勝利の方程式が成立する。塾生たちはそれを粛々《しゅくしゅく》とこなすのみ。〝結果にコミットする〟スポーツジムと同じである。

受験生に求められるのは、大量の課題をこなす処理能力と忍耐力、そして与えられたものに対して疑いを抱かない力くらいになってしまった。その素養《そよう》をもつ者が、塾歴社会に適合し、学歴社会の勝ち組となっていく構造。

その実態を知るために、鉄緑会出身の現役東大医学部生6人による座談会を実施した。塾歴社会の内幕が明らかになる中で、驚きの事実に出くわした。座談会に参加した6人中4人が公文式経験者だったのだ。

1人の女性は小2の時点で中学校範囲の数学をすべて終え、女子中学校最難関の入試問題を堂々と方程式で解いて合格したと打ち明けた。別の女子御三家《ごさんけ》出身者も公文式に通っており、中学校に入学する前には中学校の数学を終えていたと言う。地方から男子御三家に進んだ男性も、小学校低学年のうちは公文式をやり、中学受験塾では最初から良い成績が取れたと証言する。

また関西の有名進学校出身の女性は、座談会参加者の自己紹介の最中、「え、あなた、公文式やっていたでしょ。成績優秀者のリストに名前があったのを見た記憶がある。こんなところで会えるなんて！」と感激の声を上げた。小学校低学年のころから彼らはお互いを意識し、切磋琢磨《せっさたくま》していたのだ。

その場で、「公文式最強じゃない⁉」と皆が口を揃《そろ》えたわけである。

座談会以外で出会った鉄緑会出身の東大医学部生の中にも、高確率で公文式出身者が見つかった。感覚としては、３人に2人は公文式出身という具合だ。「サピックス―鉄緑会」という「王道」の手前には、実は公文式という道がつながっていたのだ。ゴールから逆算して無駄《むだ》なく設計されたカリキュラム。こなすべき課題は多いが、それさえやっていけば着実にゴールに近づくシステム。そのために妥協《だきょう》なく、課題はすべてやりきるまで帰れないスタイル。言われてみれば、鉄緑会と公文式の流儀《りゅうぎ》には共通点が多い。

「東大生全体に公文式出身者が多いのか」という疑問が湧《わ》く。そこで今回、「東大家庭教師友の会」の協力を得て、現役東大生に対するアンケートを行なった。アンケート結果は**図1～図6**（20～21ページ）にまとめられている。

東大生１００人のうち、34人が公文式を経験していた。３人に１人の割合だ。

普通の小学校の教室を見渡して、３人に１人が公文式に通っているという状況はあり得ない。鉄緑会出身の東大医学部生に限定した公文式経験率に比べれば低いような気がするものの、一般的な割合に比べれば東大生の公文式経験率は十分に高いと言え

図1　通ったことのある学習教室すべて教えてください（複数回答）

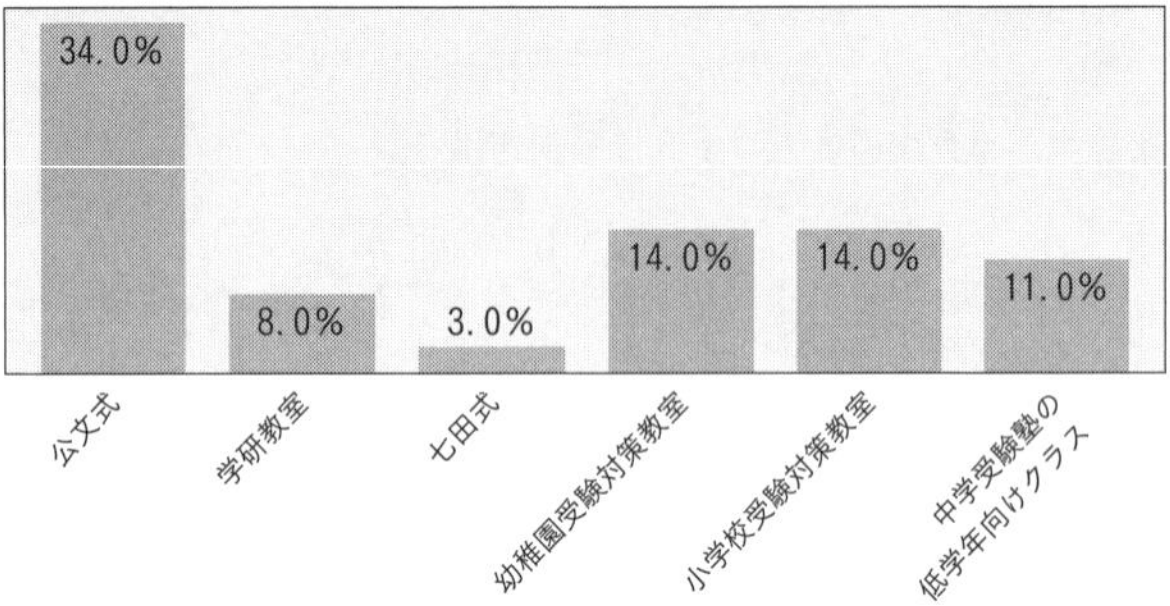

※この他に、「その他」と回答した人が42.0%いて、そのうちこれらの学習教室には「通っていない」と回答した人が大半だった。

図2　公文式にはいつから通い始めましたか

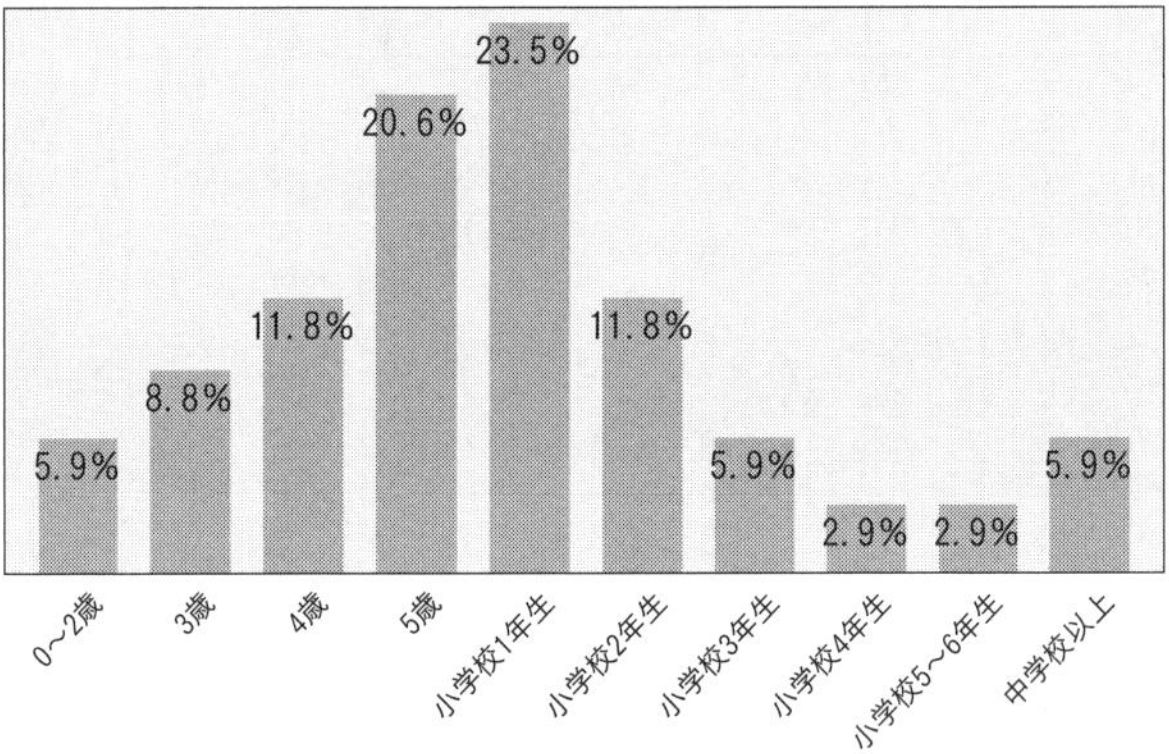

図3　公文式をいつやめましたか

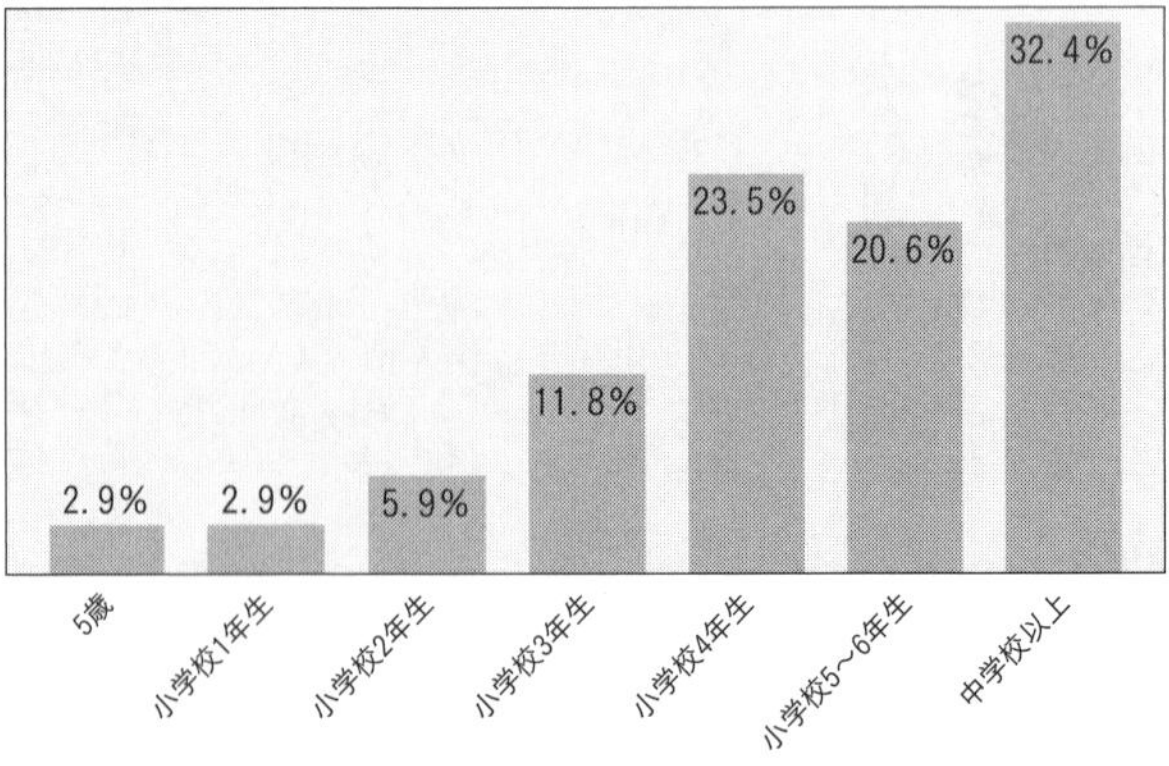

図4　公文式には何年間通いましたか

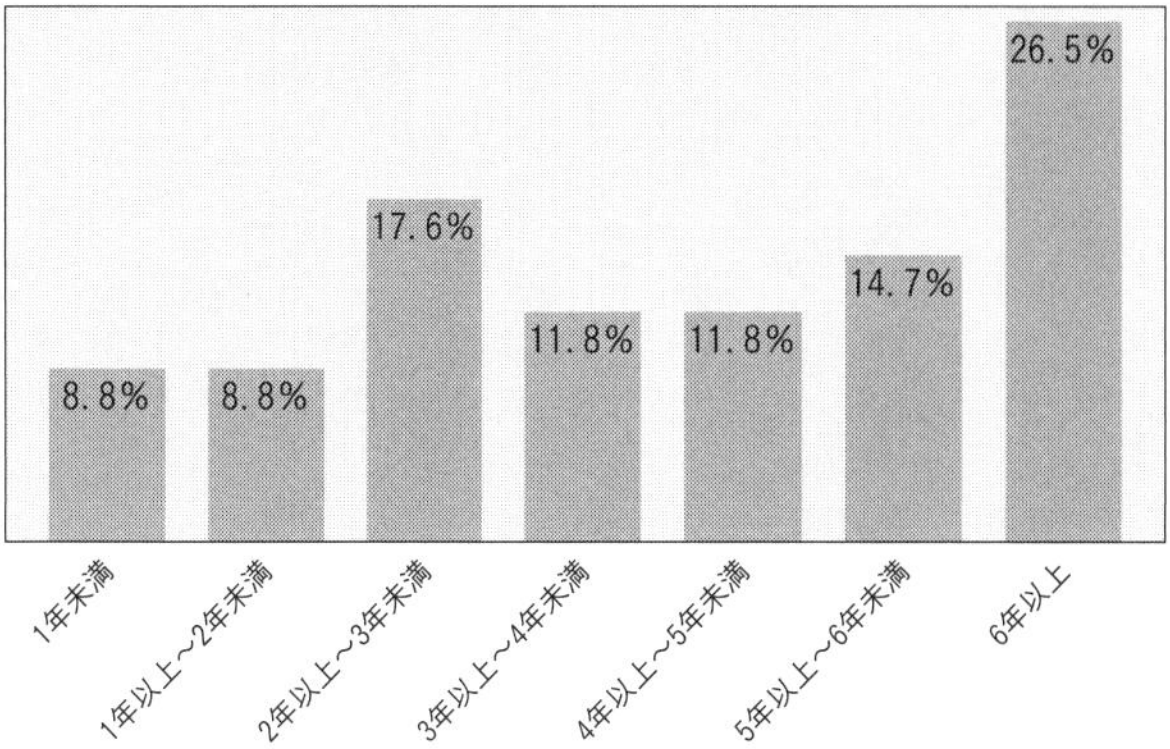

図5　公文式の算数・数学はどの段階まで進みましたか

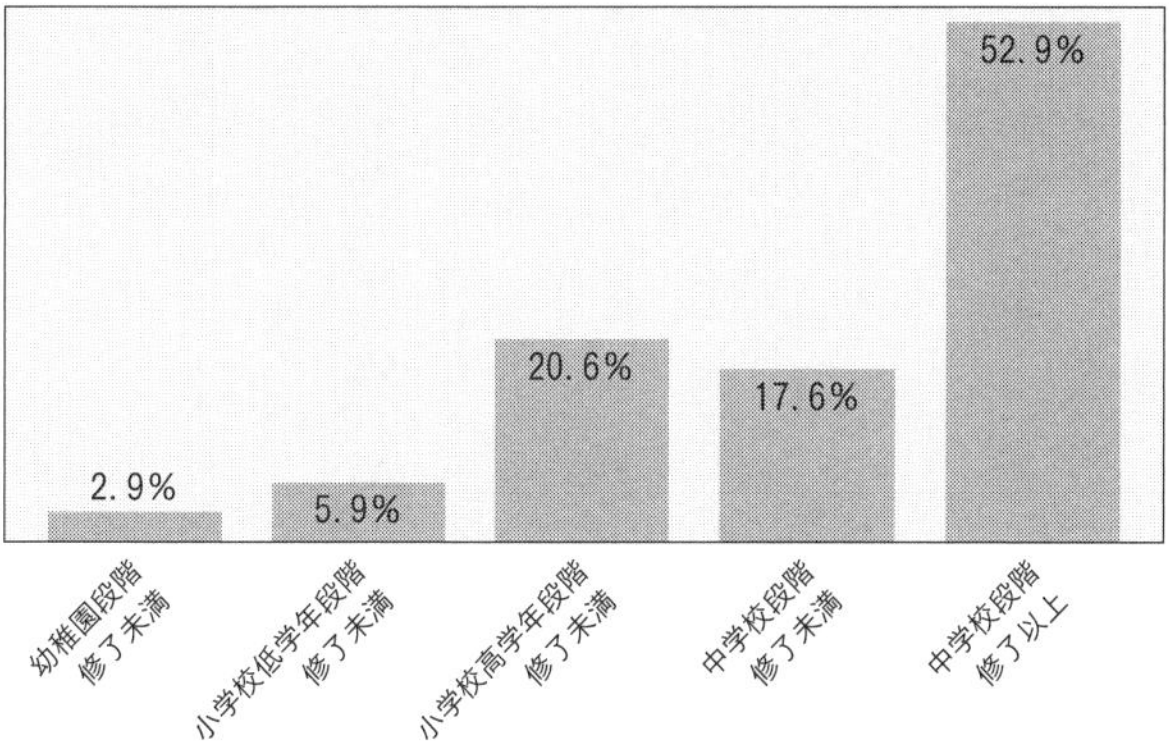

図6　公文式をやった効果はどんなところに表れたと思いますか（複数回答）

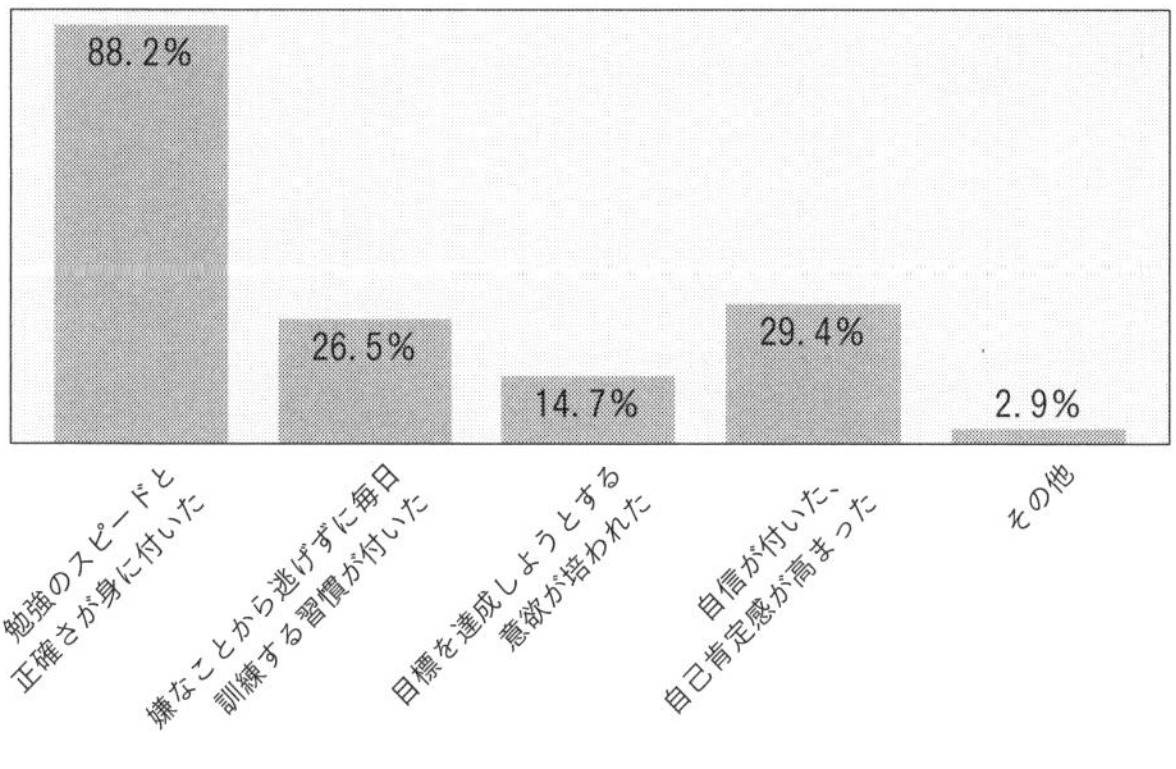

る。

公文式経験者の8割以上が2年以上公文式に通っており、半数以上が中学校の範囲を修了《しゅうりょう》していた。公文式を始めた時期は年中から小2に集中している。

そして9割近くが、「勉強のスピードと正確さが身に付いた」と、公文式の効果《こうか》を実感していた。「塾歴社会」の勝ち組になるための条件の1つ「大量の課題をこなす処理能力」の向上に、公文式は十分に寄与しているのである。

「やってて良かった！」現役東大生座談会

東大生の3人に1人は公文式の出身者であるという事実。このことにどのような意味があるのか。そこで、公文式をやっていたという現役東大生3人に集まってもらい、座談会を開催した。

〈参加者プロフィール〉

東中淳也さん（仮名）　東京都出身。中学受験を経《へ》て私立中高一貫校に通い、東大工学部へ。現在は大学院に所属。

愛川加奈子さん（仮名）　愛知県出身。公立中学から県立高校に通い、現在は東大1年生で教養学部に所属。

千石智則さん（仮名）　千葉県出身。中学受験を経て私立中高一貫校に通い、現在は東大2年生で東大医学部への進学が決まっている。

おおた　公文式をやっていたのはいつごろですか？　どのレベルの教材まで進みましたか？

東中　小1から小3です。小4から野球に力を入れたいと思って、公文式をやめました。やっていたのは算数・数学だけでした。小3の時点で中3くらいのことをやっていたように記憶しています。それで「Iリーグ」というイベントに呼ばれたんです。I教材まで進んでいる子供だけが参加できるというイベントです。小5からは中学受験塾に通いながら野球を続けました。

千石　小1から始めました。結構前に幼稚園から右脳開発というのが流行《はや》っていたじゃないですか。僕の母が教育熱心で、もともとそういうのを結構やっていて。小学校に入って何かやろうとなって、母が勧めてきたのが公文式という感じです。最初は算数・数学で、途中から英語を始めました。国語も一時期ちょっとだけやっていたんですけど、割とすぐにやめてしまいました。中学受験塾に通っている間も公文式は続けていましたが、中学校に入った時点で算数・数学もやめました。そのときたしか2次方程式のあたりだったと思います。英語は中学校卒業まで続けました。最終教材まで終えました。

愛川　私は中学校に入ってから公文式に入会して、高1まで続けました。数学がすごく苦手だったので、数学は学校の補助みたいな感じで高2程度までしか進めませんでしたが、英語は大学受験以降の、原文を読むやつまで進みました。自分の学年より3学年以上先に進めると進度上位者の会に呼ばれるんです。あのトロフィーがすごくきれいで、あれが欲しくて、どんどん進めて（笑）。

おおた　中学生になってから入会というのは珍しいパターンですね。

愛川　そうですね。まわりはちびっ子ばかりでした（笑）。親が英語を頑張ってほしいということで、もともと中1から別の英語塾には通っていたんですけど、それがあまり効果がなくて。自分で自由に進められる公文式を、親に勧められて入りました。中3からは数学もちょっとやりました。

おおた　高1でやめた理由は？

愛川　高校でだいぶ宿題が出るようになって。中学校の間は学校もゆるかったので公文式をどんどん進められたんですが、その時間がなくなってという感じです。

おおた　公文式に対してどんな印象をもっていますか？

東中　僕は算数しかやっていなかったので、英語や国語はちょっとわからないんですけど、計算がとにかく速くなる。2歳上の兄がいるんですけど、2人でいっしょに通っていてどっちとも結局理系に進んだので、たぶんそれは公文式の影響が強かったのかなと。大学受験でも役立ちました。やっぱり理系では計算力が必要とされるので。逆に、僕も実は国語を一時期やっていたんですけど、すごく飽《あ》きた覚えがある。たぶん1週間ぐらいでやめたんです。飽きっぽい性格だったというのもあるんですけど。算数はパズルみたいな感じで楽しかったですが、国語は「何でこれをやっているんだろう」と思ってしまって、すぐにやめました。

愛川　私は英語が中心だったのですが、あれは本当に役に立ったと思います。高校受験の英語の勉強はまったくやらなくても高得点を取れました。高校に入ってからもまったく苦労しませんでした。公文式でたくさん読んだ効果だと思っています。

千石　まず、いいほうの印象という意味では基礎固めとしてすごく役に立ったということです。公文式は考える力を養《やしな》うというよりは、処理能力を高めるという側面が強いですよね。計算能力はもちろん、英語だと文法を考えないでもわかるようになるまでひたすら練習するという感じでした。たとえば現在完了だったら現在完了の練習をずっとやっていくと、自然にそれが頭に叩《たた》き込まれて。悪い面というと、その裏返しです。何回も練習すると言ったじゃないですか。それが逆に「しつこいな」とも感じるんです。わかっている文章をひたすら裏表書かせるみたいな感じで、それがすごく嫌だった。あと、英語は上のほうの教材になると文章を写すだけとか、そんな感じなんですよ。「これ、やっていて意味があるのかな」と思いました。中1ぐらいで疑問をもちましたね。

おおた　中1ぐらいで、「これ、本当に意味あるのかよ。でも、母ちゃん、やめていいと言わないしな。本当はやめたいな」みたいな。

千石　そうですね（笑）。

おおた　愛川さんもうなずいていましたけど。

愛川　裏の練習問題はたしかに後半のほうになると問題を写せばいいとなってしまうんですが、個人的に良かったと思うのは、私の教室では1つの教材を必ず2回やらされたことでした。1回目のときに文を3回聞いて、3回いっしょに読んでやるというのを2セットやるということだったので、何度も何度も、聞いて読んでというのをやって、むしろ私はそれがすごく役に立った。

おおた　東中さんと千石さんは中学受験をしていますけど、つるかめ算とか面倒くさく感じなかったですか？

千石　僕は方程式を使って解きました。そこは許してもらえましたね。

東中　中学受験でもXやYではなくて○とか△とかを置けばOKという暗黙《あんもく》のルールがあったので、方程式もどきでやりました。

おおた　２人とも方程式使ったんですね。それで中学受験自体の結果は？

千石　第１志望はダメで、第２志望に通りました。

東中　僕も第１志望はダメで、第２志望もダメで、第３志望でした。でも野球の強い学校だったから良かったかなと思って気持ちを切り替えました。母親は結構メンタルつらかったみたいですけど、僕のほうはけろっとしてました。

おおた　すごくぶっちゃけた質問なんですが、公文式に通っていなかったら東大に入れたと思いますか？

愛川　公文式で学んだことが直接東大合格に役立ったというよりは、公文式で英語を得意になっておいたためにできた時間的余裕を苦手克服に充《あ》てられたという意味で、間接的にはめっちゃ役に立ちました。高校受験では英語以外の４教科ばかり勉強できたし、大学受験でも３分の２の時間を数学に使いました。学校の定期テストも、公文式の基礎があるから大丈夫でした。

東中　小３までしかやっていないので直接的にというのはたぶんないんですけど、大学受験は数学だけではなく化学とかの計算もすごく面倒くさいので、そういうところでは公文式が役立ったなと思います。僕、実はセンター試験で数Ⅰを最初に解いてしまって、ページめくったら数ⅠAと書いてあって、「やべえ、やっちゃった」と。解く問題を間違えたんです（笑）。残りの時間で慌《あわ》てて解いて、それでも満点が取れました。それぐらいの計算力があったのは公文式のおかげかもしれません。ただ、公文式に通っていなくても東大に入れたかどうかという点に関しては、どちらかというと根性のほうが大事なので、僕にとってはたぶん野球のほうが効果が大きいと思います。理不尽なことばかりやらされるので（笑）。

おおた　東大は結局根性か（笑）。千石さんは？

千石　どうなんだろう。公文式をやっていなくても、僕の母はすごく教育熱心なので、たぶん公文式以外で何かしらのことをさせたと思います。

おおた　この質問の趣旨としては、公文式が絶対的な魔法の杖《つえ》みたいな力をもっているものなのか、たまたま公文式があったからそれを利用したけれど、別にそれがなくても、こんな言い方は皆さんしないだろうけど、「僕の頭脳があれば何かほかのやり方はあったのだろうな」と思うのかってことなんだけど。でも、聞いていると、公文式でなければいけなかったという感じではなさそうですね。

千石　そうですね。公文式はどっちかというとツールみたいな感じでやっていたので。特に僕の母は数学が得意で、公文式の問題を使って僕に数学を教えていたという感じでした。でも実は僕、中学校ぐらいまでは数学がめっちゃ得意だったんですけど、高校に入ってから微妙になって、大学受験のころにはむしろ理数がすごく苦手になってしまいました。理系なのに。逆に小中ですごく苦手だった国語が大学受験で得点源になりました。

おおた　それは何でだと思いますか。高校になってから理数系が苦手になったというのは。

千石　公文式をやっていたおかげで基本的なことは全部わかっているんですよ。どういう分野が出ても、基本問題までは難なくできるんですが、応用問題になったときに手が止まるんです。大学受験の数学だと、基本的な定理《ていり》を利用できるのは大前提で、そこから応用的なものを導いていくという形になりますよね。先ほど言ったように、公文式はあまり考える力を養わないじゃないですか。それだけではないと思いますが、僕はそれまでちゃんと考えて問題を解くという方法をあまりやってこなかったんです。

おおた　そこまでレベルが上がってしまったら、処理能力を前提として、さらに別の次元のものを求められますからね。

千石　そうですね。一筋縄《ひとすじなわ》でいかないものにはすぐにつまずいてしまった傾向がありました。僕は本当に、ただ「これをやればこれが出る」みたいな感じで、単純な作業として公文式をやっていたので、その癖《くせ》が付いてしまっていたのかもしれません。

おおた　公文式がシステムとして優《すぐ》れているのはどういうところだと思いますか？

愛川　とにかく先に進められるということがすごく大きいと思います。日本の小学校では習っていることしか使ったらいけないというのがあるじゃないですか。せっかく解けたのに、すごい方法で解いても、先生が教えていないからむしろ怒られる。そういうのはすごく頭が悪い。

東中　学年を飛ばしてステップアップできるのは良かったですね。それと、たぶん机に座る習慣が身に付いたというのがいちばん大きいかなと思います。

千石　学習習慣が身に付くという点は大きいですね。僕は一時期個別指導の塾講師をやっていたんですけど、まわりの普通の子供たちって、机に向かって鉛筆を持って勉強するということがすごく苦痛らしくて。僕はそういうのを見るまで、勉強をまったく苦痛に感じなかったというか、むしろそれが普通だと思っていたので。それを普通だと思えたのが公文式をやっていたからなのかなと、最近感じるようになりました。もう1つ良かったと思うのは、時間の意識を大事にするところです。それぞれの教材に目安の時間があります。それを見ていると、これぐらいの問題はだいたいこの時間で解くんだなという時間意識を、子供のときから植え付けられます。その時間意識というのが、大学受験ですごく役に立ちました。僕が塾に行かないでも大学受験ができたのは、やっぱりそういった計画力というか、時間配分がうまかったからかなと思うんです。

おおた　千石さんは塾に通わずに東大に合格したんですよね。プリント1枚にかかる時間を意識することの延長線上で、テストを受けているときの時間配分だけではなく、受験勉強の計画もうまくなったと。

千石　そうですね。この1年間にどういう勉強をするか、ゴールがここだとしたらいつまでに何をするべきかを計画するのに役に立っていたと思います。

東中　僕もほとんど塾には通わずに大学受験しました。東進が特待生にしてくれたので、林修《はやしおさむ》先生の国語の講義だけ聞きに行っていました（笑）。

愛川　塾には通わせない方針の高校だったので、私もほとんど塾には通いませんでした。東進の国語と日本史だけやっていました。でも正直、東進は合格の必要条件ではない。

おおた　３人とも塾にあまり頼っていないんですよね、東大に入るのに。そうすると、公文式が良かったんじゃないという話になってくる（笑）。逆に公文式の嫌なところや、ここはイケていないんじゃないかというところ。システム面でも、教材面でもいいですけど、何か挙《あ》げられますか。

東中　紙が薄いですね。すごく破っていたんですよ。筆圧が高かったので。本当にそれは結構問題で、よくいらついていました。ペーパーレス化できるところはたぶんたくさんあるなと。

愛川　嫌なところは、正解するまで答えを教えてくれないところですね。何度もダメ出しをされて、「はい、直せ」と言われて、でもわからない。わかるやつはわかるんですが、まったくわからないやつがたまにあって、それを何度も持っていって、何度も戻されてというのをくり返しやっていると、それはもう教えてほしいと思いました。

東中　もちろんダメ出しはされましたが、あれは、「何でダメなんだろう」と自分で考えることで、思考力を付けるためだったんじゃないですかね……。

おおた　子供ができたら公文式にぜひとも入れたいと思いますか。もちろん本人が行きたいと言ったら行かせるだろうけど、絶対行かせるを10点、絶対行かせないを0点だとしたら、何点ぐらいですか？

千石　僕は8ですね。

東中　同じですね。そのときの公文式がどうなっているかわかりませんけど。

愛川　私は9です。すごく入れたいですね。

おおた　でも9なんだ。10じゃないんだ。

愛川　本人がめっちゃ嫌がっていたら、無理強いはできないかなと。

おおた　ありがとうございました。

公文式の先生が中学受験を勧めてくれた

公文式の効果を実感しているのは東大生だけではない。

磯田美奈子さん（仮名）は現在京都大学の2年生。物心が付くか付かないかのころには公文式に通っていた。通い始めたのはたぶん3〜4歳。もともと姉が公文式に通っていた。

両親は共働きだったので、「通信教育はいちいち見てあげられないし、ためてしまうだろう」という理由で選択肢から消えた。ところが幼稚園生でも通える学習教室といえば公文式以外に選択肢は少ない。それで公文式に通うことになった。

国語の1教科から始めて、1年後には算数を開始、さらにその1年後から英語を始めた。負担が大きくなりすぎないように、初めから親がそう計画した。「結構教育熱心な親だったのかも」と磯田さんは笑う。

実際の学年よりも3学年以上進んでいる者は「進度上位者の集い《つど》」に招待された。そこでもらったトロフィーは今も実家に飾ってある。名誉《めいよ》に感じたし、自信にもなった。

算数・数学が苦手だった。説明は一切なく、プリントにある例題を参考にして同じように解いてみるというのが公文式のやり方。例題を見ても意味がわからないときはあてずっぽうでやるしかなかった。何度やっても当然不正解。「早く解説が見たい」と思うことが多かった。

おかげで早い段階から算数・数学への苦手意識が植え付けられてしまった。それは公文式を続けても、最後まで拭《ぬぐ》えなかった。

「どんどん先に進めるから、できる子にとってはいい。余計なものが一切ない無機質《むきしつ》な教材であることが、純粋に先に進むのが楽しい子供には合う。一方で、勉強の勘《かん》が悪い子供には向いていないのではないか」というのが現在の磯田さんの公文式への評価である。

小4のとき、公文式の先生が中学受験を勧めてくれた。それで公文式をやめて日能《にちのう》研《けん》に通った。それまでに、国語と英語は中学生の範囲を終えていた。算数は中２くらいまで進んでいた。中学受験の結果、女子御三家の一角に合格した。

公文式の先生が中学受験を勧めるというのは面白い。優秀な生徒を手放すのは惜《お》しかったはずだ。でもそれが磯田さんの可能性を広げることだと感じたのだろう。一方でその先生は、磯田さんの姉には中学受験を勧めていない。姉妹の違いを見極《みきわ》めていたのだ。「姉の性格は私とは正反対」と磯田さんは笑う。姉は活発で、人を巻き込むのが得意なタイプだという。

磯田さんにとっては、「自分で調節できること」が公文式の魅力《みりょく》だった。教室には何時に行ってもいいし、どこまでやるかも強制されない。心の余裕と忙しさのバランスで、毎回の勉強の量を自分で決めることができた。ときには教材のレベルを下げる判断もできた。

せっかく中学校の範囲まで進んでいたが、中学受験勉強をしている間にほぼ忘れてしまい、中学校では再びゼロからのスタートだった。しかしそれでも、公文式で身に付けた「自分で調整する学習スタイル」は大学受験のときにも活《い》きた。

公文式の「紹介」で私立中高一貫校に進学

内藤恵子さん（仮名）は上智大学の4年生。「公文式が自分の基《もと》を作ってくれた。学ぶときの思考回路、吸収の仕方など、大事なことはすべて公文式で学んだ」と今でも感じている。

公文式に通い始めたのは保育園の年中か年長のころ。幼稚園生が「教育」を受けているのに保育園では勉強を教えてもらえていないというコンプレックスを感じていた。幼くして非常に学習意欲の高い子供だった。それで「英語を習いたい」と親に懇《こん》願《がん》し、公文式の教室に通うことにしたのが始まりだ。結局3教科すべてをやった。

小学校に入ると放課後は学童保育に通った。学童でも公文式を解いていた。17時に帰宅し、19時まで1人で留守番《るすばん》。その間も公文式の時間だった。公文式が終わってしまうと、やることがなくてよく泣いていた。

100点が取れないと気持ち悪いという感覚が、早くから身に付いた。やればやるだけ前に進む実感が得られることが快感だった。まわりの友達よりも多くのことを知っている優越感《ゆうえつかん》をもてた。公文式の学習を面倒くさいと感じる時期がなかったわけではないが、これまでの蓄積《ちくせき》を無駄にしてはいけないと考え、「今日もやらなきゃ」と自分を鼓舞《こぶ》した。

小2の時点で小5くらいの範囲まで入っていた。小4で英検4級に合格した。小6の時点で中3くらいまでは進んでいた。

中学受験は考えていなかったが、公文式の先生に勧められた。内藤さんの進度なら「紹介」できると言われたのだ。公文式で一定以上の進度で進んでいる小学生は、公文式のテストを受験することで学校紹介のランクが与えられ、そのランクに該当する学校に対し公文式からの紹介状を添えてもらえるのだ。内藤さんはBのランクをもらった。小6の2学期だった。

母親が聞いた。「あなたの成績でギリギリ入れるくらいのレベルの高い学校に入るか、余裕をもって入れる学校に入るか、どちらがいい？」。内藤さんは後者を選んだ。後ろから追い上げるよりも、トップ集団にいるほうが、モチベーションが保《たも》てるタイプであると自覚していたからだ。それで某大学付属の女子中学校の特進クラスを受けることにした。

初めて挑戦する中学受験の文章題には面食《めんく》らった。公文式の算数や数学とは違った。しかし塾には通わず受験し、合格した。

中学生になってしばらくして公文式をやめた。公文式の曜日と部活がかぶってしまったり、学習の中心が学校になったりしたことが主な理由だが、公文式の必要性をすでに感じなくなっていたことも大きい。公文式から学ぶべきことはすでに身に付けている自信があったのだ。

公文式をやっていたおかげで、数学で新しい公式を見たときにも、暗記ではなく原理から理解することができるようになっていた。英語の文法についても、過去の知識を活用すれば暗記は最低限ですむことが実感としてわかっていた。公文式での貯金があったから、英語・国語・数学については授業を聞いているだけで十分だった。浮《う》いた時間を理科・社会の勉強に充てることができた。

定期考査の解き直しも、公文式のやり方を踏襲《とうしゅう》した。解答を見て赤ペンで書き写すのではなく、もう一度鉛筆で解いてみて、最後は自分で丸を付けて終わりにした。それが内藤さんにとっての吸収の証《あかし》なのだ。

高校では理系の上のほうのクラスにいた。やはり数学には自信があった。しかし大学の数学科はどこもだいぶ難しいし社会に出て活かしにくい。理科は全般的に興味が湧かない。数学の知識を活かせて、かつ、実社会の中で役に立つ学問を学べる学部として、経済学部を目指すことにした。

高２の夏から大学受験対策としてあえて、集団塾ではなく映像授業をメインにする塾に通った。自分のペースで学習が進められることが魅力だった。公文式と同じである。「公募推薦」という入試枠で、志望大学に合格することができた。

自分の学ぶ姿勢を作ってくれたのは公文式。公文式には感謝しかない。就活に際しては公文教育研究会も検討したほどだ。「公文式をみんなもやればいいのに」と今でも強く思っている。

小学生のころは友達にもよく公文式を勧めた。実際４人が入会した。しかしみんなやめてしまった。小学校中学年でそもそも学校の勉強すらおぼつかない子供には難しかったのかもしれない。もっと早い時期から通えば、自分と同じように学習の基盤ができたはずだと感じている。

グローバル人材育成にも公文式!?

船橋力《ふなばしちから》さんは新卒で大手商社に勤務した後、教育系ベンチャー企業を創立。ダボス会議が発表する世界のヤング・グローバル・リーダー100人にも選出された経歴をもつ。現在は国家的なグローバル人材育成の目玉として実施されている文部科学省官民協働海外留学創出プロジェクト「トビタテ！留学JAPAN」のプロジェクトディレクターを務《つと》める。船橋さんは小4から中1まで公文式に通っていた。

小学校のクラスに、ずば抜《ぬ》けて計算が速い友達がいた。彼が公文式に通っていると聞き、親に頼み込んで公文式に通わせてもらった。両親は塾に通わせることには反対の教育方針をもっていたが、公文式の教室に通うことは許してくれた。「公文式は塾とは違うという認識があったのでしょう。月謝《げっしゃ》の安さも理由だったのではないか」と船橋さんは当時を振り返る。

先生とも相性が良かった。厳《きび》しくも温《あたた》かい指導者だった。「公文式の中でも有名な先生だった」という印象が残っている。公文式の教室は船橋さんにとっては「楽しい場所」だった。ただし、公文式が成長実感をともなっていたわけではない。ゲーム感覚で先を進めるのに夢中になっていた。もともと競争好きな性格が、公文式のやり方にはぴったりだったのだ。

「自分でやらないならやめなさい」というのが両親の方針だったので、親に言われなくても公文式の宿題は必ずやった。

中１で公文式をやめたいちばんの理由は部活が忙しくなったから。正直に言うと、数学が高２の範囲にまでおよんでだんだんと難しく感じるようになったという理由もある。

それでも公文式のおかげで中学生時代に数学で苦労したことはない。数学に関してはほとんど勉強しなくても、志望の公立高校に合格することができた。

高１で親の転勤にともなってブラジルに移住した。地球の裏側で、インターナショナルスクールという初めての環境に投げ込まれ、戸惑《とまど》いの連続だった。自信を喪失《そうしつ》しそうになる中で、公文式で培《つちか》った数学力が船橋さんの自尊心を保つのに役立った。数学は世界共通だった。あのときは公文式に救われたと、船橋さんは今でも感じている。

公文式の優れた点は何だと思うか。

「目標を設定して、自発的に毎日地道に努力を重ねる癖が、身に付くことでしょう。基礎学力が身に付くことで、自信も付く」

逆に、公文式のいまいちな点はどこだと思うか。

「文章題が少ないことに象徴されるように、思考力を鍛《きた》えることができない点ではないでしょうか。発展途上国で公文式に人気が集まるのはよくわかりますが、成熟した社会で生きていくためには公文式だけでは限界があります。自分自身、計算は得意になりましたが、どちらかというと数式の処理の仕方を覚えたという感じ。あまり考えて解いているという感じではありませんでした。それが自分の反省点でもあります」

グローバル教育という意味で、公文式をどう評価するか。

「算数・数学はロジカルシンキングの基礎となります。前述の通り公文式だけでは十分な思考力は育たないと思いますが、算数的・数学的思考力を鍛えるうえでの基礎を確実に身に付ける意味はあると思います。英語は国際語としてグローバル人材には必《ひっ》須《す》です。国語でさまざまな文章に触れることは日本人としての教養を身に付けることにつながるでしょう」

公文式経験者と話をしていると、「自信が付いた」「コツコツ学習する習慣が付いた」というフレーズがよく出てくる。公文式で得られるものは、単に処理能力だけではなさそうだ。性格的には「競争好き」も共通しているように見える。

一方で、「考えない癖が付いた」という意見も目立つ。前述の、難関中学入試問題を堂々と方程式で解いたという東大医学部生は実は「中学校に入ってから代数《だいすう》の計算問題は難なく解けるのに、幾何《きか》をまったく理解できなくて焦って塾に通い始めた」とも証言している。

次章以降、公文式が支持される理由や公文式の可能性について、さらに詳しく考察する。

第2章

なぜ月6000円で学力が伸びるのか？

教室の中では「聖徳太子《しょうとくたいし》」状態の指導者

14時をすぎたころから、保護者に付き添われた未就学児の生徒が教室に集まり始める。好きな時刻に教室にやってきて、やるべきことを終えたら帰る。それが公文式。普通の塾のように指導時間が固定されていないのだ。

入口でスタッフが声をかけ、各自のファイルを手渡す。ファイルには、学習履歴《りれき》を事細かに記《しる》した「生徒記録」と、今日やる分のプリントと宿題用のプリントがまとめられている。

スタッフとは、公文式の指導者をサポートするアルバイトスタッフのこと。生徒20〜30人に1人の割合でスタッフを雇《やと》い教室運営を手伝ってもらうのが、公文式の教室での標準だ。私が見学したときには5人ほどのスタッフがいた。

家での様子、今日やるべきことなど、スタッフと保護者で簡単なやりとりを行なう間に、子供たちは思い思いの席に着き、プリントに取りかかる。仲のいい友達と目が合うと、一瞬嬉《うれ》しそうな顔をするが、そこで騒いだりはしゃいだりすることはない。

まだ年中さん程度だろう。鉛筆の握り方がぎこちない子供もいる。しかし解いている問題は2桁《けた》の足し算であったりする。問題の難易度と、書かれた文字のあどけなさのギャップが印象的だ。

プリントに取りかかるときには、初めに現在時刻を記入する。そして全部の問題を解き終えたらその終了時刻を記入する。引き算すればそのプリントにどれだけの時間がかかったのかがわかる。

見学をさせてもらった教室の壁に掛けられた時計は、それぞれに異なる時刻を示していた。故障しているわけではない。子供たちは自分の好きな時計を選んでその時刻を記入する。

時刻の記入はプリントを終わらせるのにかかった時間を算出するのが目的であって、正確な時刻は必要ない。そこでこの教室では、それぞれの時計があえて異なる時刻を示すように設定しているのだ。「みんな違って、みんないい」というメッセージである。

プリントを解き終えると、指導者またはスタッフに提出し、その場で採点してもらう。間違えた問題はできるようになるまで何度でも解き直す。なぜ間違っているのか、どうやったら正しく解けるのか、指導者もスタッフも教えてはくれない。せいぜい「ほら、この問題、できてるでしょ。これと同じようにやればいいのよ」とヒントを与えるくらい。

すぐに間違いに気付く場合もあるし、何度やっても正解できず、顔をしわくちゃにする子供もいる。

公文式を始めたばかりで不慣れな子供にはスタッフがほぼマンツーマンで付き添って励《はげ》ます。「3＋1＝4」という数式の近くに「さんたすいちはよん」と書かれているような初歩的な計算問題に取り組んでいる。

2桁の足し算に取りかかり始めたばかりの子供には、指導者自らが「9の次は何？」と聞く。公文式では「9＋1」は「9の次の数字」を聞かれていると解釈する。「9＋2」は「9の次の次」を意味する。明治時代に開発された「数え主義」という数字のとらえ方に似ている。

新しい単元に入ったばかりの子供で、まだ自力で類推《るいすい》して問題を解いていく力が育っていない子供は、指導者の机のまわりに集まって、指導者の目の前で問題を解く。

指導者が途中で口を出すようなことはないが、どこでつまずいているのかを確認しておきたいのだろう。

いつの間にか指導者の机は、足し算のプリントを解く未就学児から英語の発音を練習している小学校高学年生まで7人の生徒に取り囲まれていた。「できました」とプリントを差し出されればその場で採点して、非常に短い一言程度のヒントを与える。するとその次には英語の発音を聞くといった具合。ほぼ同時進行で複数の生徒にてきぱきと対応していく。まるで聖徳太子。1人ひとりの課題がしっかり頭に入っていないとできない離れ業《わざ》である。

その間も、別の生徒たちはせっせと自分の課題に取り組み、スタッフに採点してもらって、今日のやるべき分をすべて終えるといつの間にかすっといなくなる。生徒が帰ると、スタッフはその生徒のファイルを開き、生徒記録に各プリントにかかった時間と進度を記入する。ここまで記録するのかというほど細かいところまで手書きで履歴を残す。

1教科を20分ほどで終えてすぐに教室を後にする子供もいれば、指導者の目の前でたった1枚のプリントをなかなか全問正解することができず、いつまでも帰ることができない子供もいる。どうしても気分が乗らないのか、付き添うスタッフにそっぽを向いてしまう子供も中にはいる。

指導者が発する手短《てみじか》なアドバイスのほかは、ほとんど静寂《せいじやく》の中で物事《ものごと》が進む。ほどよい緊張感が、教室の空気を満たしていた。

算数・数学のプリントは全5470枚

公文式は何歳からでも始められる。扱うのは算数・数学、英語、国語の3教科。それぞれ月謝は、小学生以下6000円、中学生7000円、高校生8000円、プラス消費税。教室に通うのは週2回。決められた曜日であれば何時に教室に行ってもいい。3教科を習っている子供は1回教室に行くたびに3教科すべての課題に取り組む。その日の課題が終われば、何時に退室してもいい。

教材は3教科ともA5サイズのプリント。創立当時からずっと同じ判型《はんけい》だ。4つ穴の開いたルーズリーフ形式になっていて、終わった教材をフォルダに綴《と》じておくことができる。１日に取り組むプリントは１教科あたり５〜10枚が標準的。教室での平均滞在時間は１教科あたり30分前後。

算数・数学は全28教材５４７０枚のプリントで構成されている。英語は一部冊子を含む全28教材４６００枚、国語は全34教材６８００枚。ここでいう「教材」とはカリキュラム上のレベルのこと。

教材名には必ずアルファベットが付けられている。Ａ＝小１、Ｂ＝小２、Ｃ＝小３というように、アルファベットが各学年にだいたい対応している。

３教科とも、Ａ〜Ｆが小１から小６に、Ｇ〜Ｉが中学校の３年間に対応するのは同じ。以降は、数学の場合、Ｊ〜Ｑが高校の範囲、Ｒ〜Ｖが大学の範囲となっている。英語の場合はＪ〜Ｏが高校の範囲、Ｐ〜Ｔが大学以上のレベルとされている。国語でもＪ〜Ｏが高校の範囲であることは英語と同じ。以降、大学レベルの教材としてＰ〜Ｒが用意されている。

文部科学省が定める学習指導要領や、学校の教科書、学校の進度は、はなから気にしていない。進められる子は、自分の学年に関係なくどんどん先に進めることができる。学校の勉強も怪《あや》しい子には、あえて自分の学年よりも下の教材をやらせることもある。

入会するとまず「学力診断テスト」を受けて学力を確かめるが、多くの場合、自分の学年よりも半年から2年前の段階の教材から始めることになる。それくらい余裕がある単元からやらせたほうが、スムーズに公文式学習に導入できるからだ。教えてもらわなくても自分でできるレベルから始めて、教えてもらわなくても自分でできると思わせ、公文式の自学自習の軌道《きどう》に乗せるのだ。

指導者は1人ひとりの子供に対し、「いつまでにどの教材まで進めそうか」という見通しを立てている。いわゆる中期目標だ。それにそって指導計画を組み立てる。必ずしもそれをそのまま生徒に伝えるわけではないが、それが生徒にとっても励みになりそうな場合には、「新学年になるまでに次の教材まで行けるように頑張ろう」などと声をかける。

学年ごとに、どこの教室のどの生徒がどのレベルの教材まで進んでいるかをまとめたものを「進度一覧表」と呼ぶ。この上位に掲載されることが、生徒にとっても指導者にとっても名誉なこととされている。かつては実名入りの進度一覧表が作成されていたが、現在では個人情報保護の観点から氏名は伏せている。

公文式経験者の間では「数学のＪまでやった」とか「英語はＬまで終えた」などと、アルファベットでお互いの進度を説明することができる。ピアノ教室に通っている子供たちが「私は今ブルグミュラーまで進んでいる」などと言うだけでお互いの進度がわかるのと同じだ。

高校の範囲までを終えれば「最終教材を修了した」と認められる。大学相当以降の教材は「研究教材」と呼ばれ区別されている。

「ちょうど」の見極めが肝《きも》

新しい単元に入っても、指導者は説明をしない。ただ新しい教材プリントを渡すのみ。生徒はその教材の例題を見て、それをまねる形で問題を解いていく。問題を解いたら指導者またはサポートスタッフに採点してもらう。間違えたところを指摘され、１００点満点を取るまで何度でもやり直す。全問正解できるとやっと大きな○と「１

00」の文字を書いてもらえる。

1枚のプリントの全部の問題を解くのにどれだけの時間がかかったのかを必ず記録する。100点満点が取れていても、時間がかかりすぎている場合には同じレベルの教材をくり返しやらせる。その際に参考となるのが教材ごとに設定された「標準完成時間」である。過去の生徒の膨大なデータをもとに算出されている。

時間だけではなく、生徒の性格やそのときそのときのモチベーションの高さなどを勘案《かんあん》して、次の教材に進むのか、同じ教材をくり返すのか、指導者が判断する。たま たま取った100点満点では次には進めない。何度も復習をくり返し、確実にその単元が身に付いたことを確認してから次の教材へと進む。石橋をたたいて渡るように進む。その見極めが指導者の腕の見せどころだ。

そうやって、常にちょっとしんどいくらいの負荷《ふか》をかける。それが公文式でよく使われる「ちょうど」である。ちょうどの教材さえ与えられれば、子供は自ら伸びていく。それが公文式の学習法および教材構成を根本で支える理念である。

プリントに取り組むのは教室だけではない。1回の教室でこなすのとほぼ同じ量の宿題を毎日家でやる。つまり毎日一定量のプリントをコツコツと進め、週２回はその進み具合ややり方のチェックのために教室に行くというしくみ。教室に通うことが目的なのではなく、毎日「ちょうど」の課題を適量やり続けることが肝要《かんよう》なのだ。

順調に進んでいる場合は「いい感じね。その調子！」と励まされるだけで教室での指導が終わることもある。逆にうまく進んでいないときには、教材のレベルを下げてみたり、量を減らしてみたりして、そのときのその子にとっての「ちょうど」を探《さぐ》る。どうしてもモチベーションが保てないときにはあえて一時中断してみるという対処法もある。中断しても、いつでも途中から再開できることも、公文式の特徴の１つである。

そうやって無理をせず、無駄をさせず、教えず、毎日一定の努力を続けることで、自学自習のできる子供を育てるのが公文式の基本的な指導スタイルだ。基礎学力が身に付くのはもちろんのこと、学習習慣が身に付く、自学自習の姿勢が身に付く、諦《あきら》めずにやり抜く力が身に付く、「自分はできる」という自信が身に付くという学力以外の成長も、公文式がもたらす効果であるとして評価する声は多い。

文章題や図形問題はあえてやらない

公文式は算数・数学から始まった。一言で言えば、高校数学の学習を容易にするため、のプログラムである。高校数学までのすべてをカバーすることが目的ではないところがミソだ。

創始者の公文公《くもんとおる》はもともと高校の数学教師で、代数系の計算力さえ高めておけば、文章題や図形問題は自《おの》ずとできるようになるという信念をもっていた。そこであえて文章題や図形問題を捨て、計算能力を高めることに特化した教材を開発したのだ。

一方で「公文式に通っている子供は文章題や図形問題が苦手」という悪評《あくひょう》をよく聞く。「文章題や図形問題も解けるようにしてほしい」という保護者からの要望も多い。あまりに世間からの要望が強く、組織の内部からもその必要性を訴《うった》える声が高まったので、1970年前後には実際に文章題や図形問題に関する教材を作成したことがあった。

しかし結果は明らかな失敗だった。文章題や図形問題を教材に組み込んだとたん、子供たちの自学自習のスタイルが崩れてしまい、現場は混乱を極《きわ》めたのだ。創始者は勝ち誇ったように失敗を認めた。そうなるとわかっていたから、あえて計算問題に特化した教育プログラムを設計していたのだ。

公文教育研究会の社内に掲示されている公文式の教材発展の樹形図には、この失敗が今でも明記されている。2度と同じ失敗をくり返さないようにという戒《いまし》めだ。

創始者は、自伝『やってみよう』（くもん出版）の中で、次のように自らの考えを述べている。

> 何度も言いますが、ぼくの教材はすべて計算能力を高めることに焦点を絞《しぼ》っています。
> ドリルや教科書などを見ますと、たとえば、
> 「分子が1である分数を単位分数といいます。では5分の3は単位分数の何倍でしょうか」とか、
> 「3分の1と5分の2はどちらが大きいか比べてみましょう」などといった

問題が出ています。

ぼくの経験からいうと、これは余計なことなのです。子供の学力を伸ばそうと考えるのなら、加減乗除の基本的な計算のやり方を教え、それをスピーディに、しかも正確にできるように、計算練習を積み重ねさせることが大切なのです。

今でも「公文式の算数・数学は計算だけですか」という人が時どきいます。数学の力をつけるためには、計算以外の「何か」が必要ではないかと思っている人が多いようですね。

しかし計算ができるということが、数学の学力そのものなのです。それは、学年相当より二、三学年以上高い計算力を持っている生徒を見れば、すぐ分かることです。


同書の別のページでは次のようにくり返す。

「計算だけ」とは言いますが、その計算がいかに大切か、これは今でも一般にはよく理解されていません。

もし子供が学年相当より二年ないし三年進んだ計算能力を身につけた時のことを考えてみてください。一年生の子供が四年生の計算ができるとすれば、一年生や二年生の応用問題などは簡単に解けることになるのですが、これがなかなか理解してもらえないのです。

「計算問題はわかるよりもできることが大事」そして「自分の学年よりも2学年、3学年上の計算問題ができるようになれば、自分の学年の文章題や図形問題は難なく解けるようになる」ということだ。

ましてや、公文式の算数につるかめ算や植木算は出てこない。中学受験で使うつるかめ算など、方程式を使えば一発で解けるのだから必要ないということを、創始者は常々訴えていた。

その代わりに小学生であろうが幼稚園生であろうが、方程式や微積分《びせきぶん》にどんどん進ませる。方程式や微積分についても特段難しい問題を解かされるわけではない。最低限の計算の作法が確実に身に付けば良いという考え方が貫《つらぬ》かれている。要するに公文式は、無駄を徹底的に排除し、決して欲張らないのである。

その精神は「何をやるかよりも何をやらないかが大事」という創始者の言葉に凝縮されている。

それにしてもまったく教えることなく、どのように算数や数学の計算ができるようになるというのか。その答えを知るには実際のプリント教材を見てみるのが早い。**図7**は実際のプリント教材「E21a」だ。つまり小5相当レベルの分数の計算問題である。

例題を見れば、分母はそのままで分子を足せばいいことがわかる。よって（1）の空欄には「3」だけを書ければ正解だ。（2）になると分母も書かなければいけない。ここでは意味など考えず、機械的に同じ数字を分母に書けばいいのだろうと類推できればいい。分子については1と3を足せばいいことは（1）ですでにわかっている。よって答えとして「4｜5」を書くことができる。

図7

E21

E21a　KUMON

月　日	時　分～　時　分
なまえ	

§3. 分数のたし算の1（4点引）

例をよく見て、分数のたし算をしなさい。

例 $\frac{1}{3}+\frac{1}{3}=\frac{2}{3}$　　$\frac{2}{7}+\frac{3}{7}=\frac{5}{7}$

(1) $\frac{2}{5}+\frac{1}{5}=\frac{}{5}$

(2) $\frac{1}{5}+\frac{3}{5}=$

(3) $\frac{2}{5}+\frac{2}{5}=$

(4) $\frac{2}{7}+\frac{1}{7}=\frac{}{7}$

(5) $\frac{3}{7}+\frac{2}{7}=$

(6) $\frac{5}{7}+\frac{1}{7}=$

(7) $\frac{1}{9}+\frac{4}{9}=$

(8) $\frac{5}{9}+\frac{2}{9}=$

(9) $\frac{3}{11}+\frac{2}{11}=$

(10) $\frac{6}{11}+\frac{4}{11}=$

（4）では再び分母があらかじめ書かれている。（1）から（3）までで分母が5の問題ばかりやっていたので、分母を5にしてしまうことのないようにした気配りだ。ここで子供は「足す数の分母が変われば、答えの分母も変わるのだ」と確信をもって気付くことができる。

このように、1枚のプリントの中においても、少しずつ進歩する仕掛けがたくさん隠されているのだ。

さらに**図8**と**図9**を見てみよう。「E41a」と「E41b」は1枚のプリントの裏表にあたる。ここからは異なる分母の分数の足し算がスタートする。逆に言えば、「E21a」から「E40」まではずっと同じ分母の分数の足し算のくり返しなのだ。

さて、「E41a」の「例」からは、分母が2倍になれば分子も2倍になるし、分母が3倍になれば分子も3倍になっていることが類推できる。それをヒントに、（1）を解いてみる。分母が2倍になっているから、分子も2倍になるのだろうと推測し、空欄に「2」を書ければ正解。同様に、（1）から（3）についてはすべて分子が1になっているので、解答しやすい。（4）で初めて分子が1以外の場合が登場する。

図8

E41

E41a　KUMON

月	日	時	分～	時	分
なまえ					

§5. 分数のたし算の3（5点引）

例 $\frac{1}{3}=\frac{2}{6}$　　$\frac{2}{5}=\frac{6}{15}$

(1) $\frac{1}{2}=\frac{\quad}{4}$　　(8) $\frac{1}{2}=\frac{\quad}{8}$

(2) $\frac{1}{3}=\frac{\quad}{12}$　　(9) $\frac{1}{3}=\frac{\quad}{9}$

(3) $\frac{1}{4}=\frac{\quad}{8}$　　(10) $\frac{2}{3}=\frac{\quad}{9}$

(4) $\frac{3}{4}=\frac{\quad}{8}$　　(11) $\frac{1}{5}=\frac{\quad}{10}$

(5) $\frac{1}{5}=\frac{\quad}{20}$　　(12) $\frac{2}{5}=\frac{\quad}{10}$

(6) $\frac{2}{5}=\frac{\quad}{20}$　　(13) $\frac{3}{4}=\frac{\quad}{12}$

(7) $\frac{4}{5}=\frac{\quad}{20}$　　(14) $\frac{1}{6}=\frac{\quad}{12}$

図9

E41b

同じ分母の分数にすると、たし算ができます。

例　$\frac{1}{8}+\frac{1}{4}=\frac{1}{8}+\frac{2}{8}=\frac{3}{8}$

（1）　$\frac{3}{8}+\frac{1}{4}=\frac{3}{8}+\frac{\square}{8}=\frac{}{8}$

（2）　$\frac{5}{8}+\frac{1}{4}=\frac{\square}{8}+\frac{\square}{8}=\frac{}{}$

（3）　$\frac{1}{8}+\frac{3}{4}=\frac{1}{8}+\frac{\square}{8}=\frac{}{}$

（4）　$\frac{1}{9}+\frac{1}{3}=\frac{1}{9}+\frac{\square}{9}=\frac{}{9}$

（5）　$\frac{2}{9}+\frac{1}{3}=\frac{\square}{9}+\frac{\square}{9}=\frac{}{}$

（6）　$\frac{1}{9}+\frac{2}{3}=\frac{1}{9}+\frac{\square}{9}=$

ここでも「分母が2倍になっているのだから、分子も2倍」と考えて、「6」と解答できれば正解だ。

たとえば（4）の時点で間違えてしまうと、（5）以降もすべて間違えてしまう可能性が高い。それでも原則的には全部解いてから採点してもらわなければいけない。間違えては直し、直しながらどこを間違えたのか考える。それをくり返すうちに、解答に近づくための法則性を見出せるようになる。

「E41a」で通分の手順を学んでから、いよいよ「E41b」で足し算に挑戦する。例題を見れば、分母を揃えて通分してやれば「E21a」でやったのと同じように計算できることが類推できる。このとき「E21a」の作業がスムーズにできるようになっていることが前提だ。

（1）では通分する過程で空欄が用意されている。矢印までが添えられ、通分する必要性に気付きやすくなっている。答えには分母まで書かれている。（2）になると矢印が消える。途中式の分子が2つとも空欄になっている。子供たちは頭の中で（1）と同じような矢印を補《おぎな》って計算する。（3）では再び（1）と同じ形の問題が出される。ただし矢印はない。

この途中式の空欄がわからない場合には、表面の「E41a」を見せて考えさせる。（4）の「3／4＝□／8」に気付ければよい。

こうやって分数の足し算を身に付けていく。公文式の教材は、一事が万事この形式である。前にやったことをちょっとだけアレンジして新しいことができるように、非常に細かいスモールステップが設計されていることがわかったのではないだろうか。

さらに類題をしつこいほどにくり返し復習させ、反射的に答えが出せるようになるまで鍛え上げる。そこまでできてようやく次の教材に進める。ちなみに「E21a」の標準完成時間は2〜4分、「E41b」の標準完成時間は3〜5分である。

高校数学の学習を容易にするという目的に対して一直線にしかも非常に低い段差で細かく作られた階段を、一段一段確実に上《のぼ》っていくことで、気付けば誰の力を借りることもなく微積分までたどり着く。

「さっさとポイントを口で教えてくれれば早いのに」という気持ちになる子供もいるだろう。しかし教えてもらうことを前提にするのではなく、与えられた条件の中から類推する力を養うことも重要な学びの過程なのだ。そうすることで、自学自習の姿勢を身に付けさせるのが公文式の狙いである。

その結果として、月謝6000円プラス消費税という格安で、生徒1人ひとりに「ちょうどいい」個別学習を提供できるのだ。

『戦争と平和』までを読めるようにする

公文式教室が事業化して25年ほどは「一兎を追う者は二兎をも得る」の考えで、算数・数学の1教科のみを扱っていた。1教科に集中すれば他教科の成績まで向上するというのが創始者の信念だった。しかし、1980年代に入り、生徒数が100万人の壁を越えたところで、英語と国語の指導も開始した。

「中学校、高校の数学がらくにできるようになり、当然の結果として大学進学にも確実に役立つようにしなければならない」という実利的な目的のために算数・数学の教材が設計されたのに対し、英語と国語の教材はもっとおおらかな目的をもっている。

公文式英語教材の目的は、高度な英文を自在に読みこなす読解力を養成すること。

具体的には英語の原書をすらすら読めるようにすること。国語の目的は、高度な読書能力を養成すること。古今東西《ここんとうざい》の名著《めいちょ》を読み、その内容を余すところなく理解できるようになることをイメージしている。

国語の教材は「文字・語彙《ごい》」「文型・文脈」「読解」の3分野を併行して進める。高1に相当するJ教材からは古文や漢文にも手を付ける。

もっとも特徴的なのは読解力を高めるために「縮約《しゅくやく》」という手法を用いていることである。「縮約」は、「要約」とは似て非なるもの。中心文を見つけたり、要点を抜き書きしたりする一般的な「要約」とは異なり、原文のニュアンスを失うことなく、作者の用語や表現の仕方、その文体をも活かして、文脈をたどりながら、なるべくそのままに縮めることを意味する。

これも実際の教材を見るのが早い。**図10**「GⅡ2-a」と**図11**「GⅡ2-b」は中1相当の教材の表裏だ。

図10

GII 2-a

縮約作法G 1

名前

月 日 時 分〜 時 分

森林資源保護のために再生紙を使用しています。

■ 文章をよく読み、【話題→叙述《じょじゅつ》】を完成しなさい。 （5点引き）

ファーブルは、フランスの偉大《いだい》な昆虫学者《こんちゅうがくしゃ》である。
彼《かれ》は貧しい農家に生まれたが、世界的名著《めいちょ》『昆虫記』を著《あらわ》した。

【話題→叙述】

（話題） ファーブルは、

（叙述） ① ［　　　］に生まれたが、② ［　　　］『昆虫記』を著した、フランスの ③ ［　　　］である。

KUMON

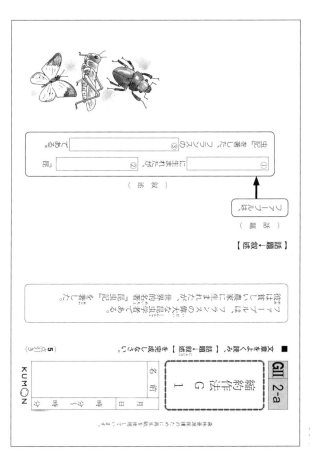

図11

GII 2-b

■ 次の文章を、【縮約作法】に基づいて縮約しなさい。（5点引き）

ノーベルは、スウェーデンの偉大《いだい》な化学者である。彼《かれ》は学校教育をほとんど受けなかったが、画期的爆薬《かっきてきばくやく》「ダイナマイト」を発明した。

【縮約作法】

① 次の縮約文図を活用する。

……は、 → ……の偉大な化学者である。
（学校教育……した、）

② 五五〜六〇字に縮約する。

55 60

＊ノーベル賞は、ノーベルの遺産《いさん》と遺言《ゆいごん》によって制定《せいてい》された。

ノーベル賞　メダル

「GⅡ２‐a」の答えは（1）貧しい農家（2）世界的名著（3）偉大な昆虫学者、「GⅡ２‐b」の解答例は次のようになる。

　　ノーベルは、学校教育をほとんど受けなかったが、画期的爆薬「ダイナマイト」を発明した、スウェーデンの偉大な科学者である。

この「縮約」という手法を軸《じく》にして、より長く複雑な文章を読めるようにしていく。もちろんスモールステップの考え方が踏襲されている。最終段階では約１５００文字の文章を読解することになる。

公文式の国語の目的はあくまでも高度な読書能力を身に付けること。いくら読解力を鍛えるといっても、教材上での訓練だけでは足りない。そこで「くもんのすいせん図書」が設定されている。国語の教材の各段階の読解力に合わせた推薦図書が選定されているのだ。未就学児用の『うたの絵本』から始まり、最終段階では夏目《なつめ》漱石《そうせき》の『こころ』やドストエフスキーの『罪と罰』、トルストイの『戦争と平和』まで、６５

0冊がラインナップされている。

これだけの本を読んでいれば、読解力や読書能力だけでなく、大人になっても困らない教養が身に付くことだろう。

「E-Pencil」導入で英語の受講者が急増

公文式の英語の最大の特徴はなんといっても「E-Pencil（以下、イー・ペンシル）」だ（**図12**）。教材にかざすだけでネイティブの発音が再生されて、文字と音が一致する。それを聞き、まねることで、リスニングとスピーキングの練習になる。2010年にイー・ペンシルが導入されたことで、英語の自学自習の効率が飛躍的に向上した。公文式で英語を学ぶ子供の数も急増した。

ただし、公文式の英語教材の目的は前述の通り、あくまでも英文読解にある。

小学校低学年に相当するA～Cの教材ではイー・ペンシルを使用しての音読と発音を中心にするが、小学校高学年に相当するD～Fの段階（**図13**、**図14**（76、77ページ））ではさらに書く練習を加える。中学校相当のG～Iの教材では、文法についても学ぶ

図12

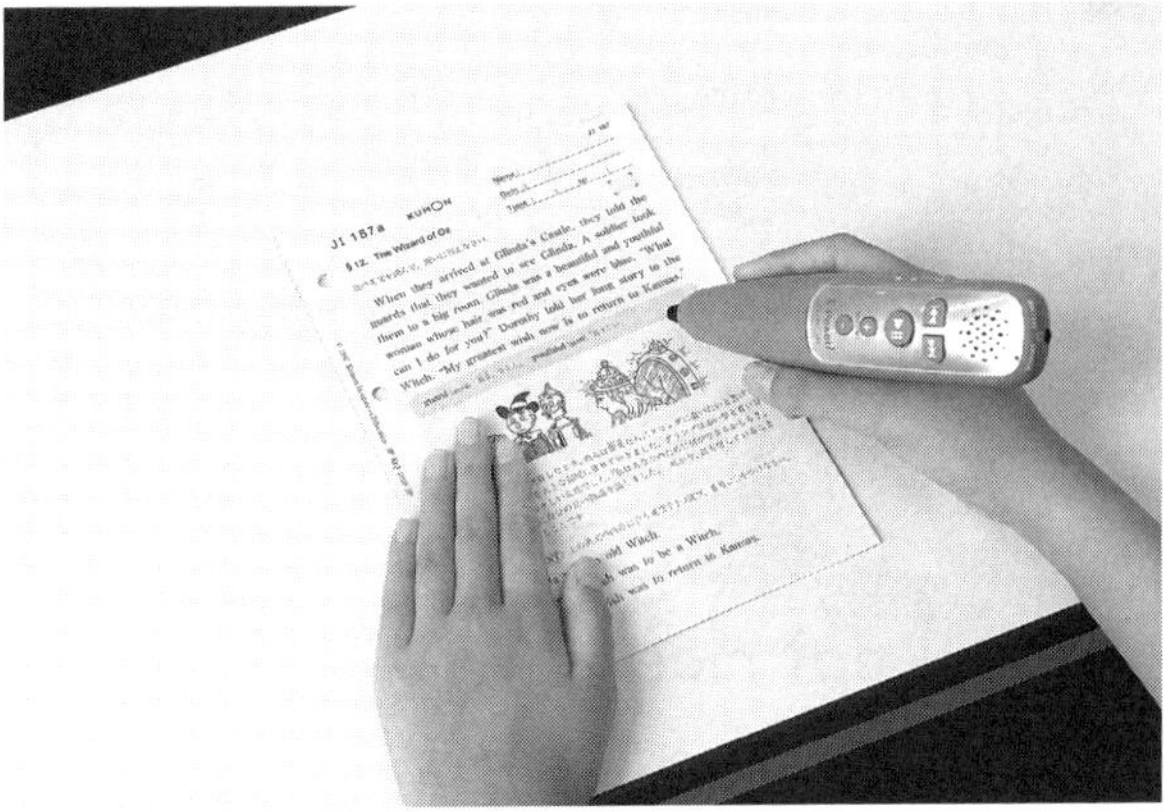

が、ここでも教えることはない。プリント教材を使って、スモールステップで文法知識を身に付けていく。最終段階では英語の原書の文章を読解する。**図15**（78ページ）はキング牧師の有名な演説をそのまま教材に使用したものだ。

公文式の英語教材をすべてやれば、学習する英単語の数は約1万語に達する。中学校の教科書に出てくるのは約1200語、高校の教科書でも約3000語、有名大学の入試でも必要とされるのはせいぜい5000～6000語レベルである。大学受験の枠を超えた英文読解力を目的にしているのだ。

図13

D 101

D 101a KUMON

Name(名前《なまえ》):

Date (日付《ひづけ》): ／

Time (時間《じかん》): : to :

わたしはごはんを食《た》べます。
I eat rice.

イー・ペンシルは「1回《かい》モード」です。名前《なまえ》・日付《ひづけ》・始《はじ》める時間《じかん》を書《か》きましょう。

1回目《かいめ》：日本語《にほんご》と英語《えいご》を聞《き》きましょう。
2回目《かいめ》：英語《えいご》を聞《き》きましょう。

わたしは ごはんを 食《た》べます。

I eat rice.

わたしは おすしが 好《す》きです。

I like sushi.

ぼくは パンを 食《た》べます。

I eat bread.

ぼくは サンドイッチが 好《す》きです。

I like sandwiches.

sandwiches [サンドウィッチィズ]

リサイクルに配慮して印刷・製本されています。
不要となった際はリサイクルに協力しましょう。

図14

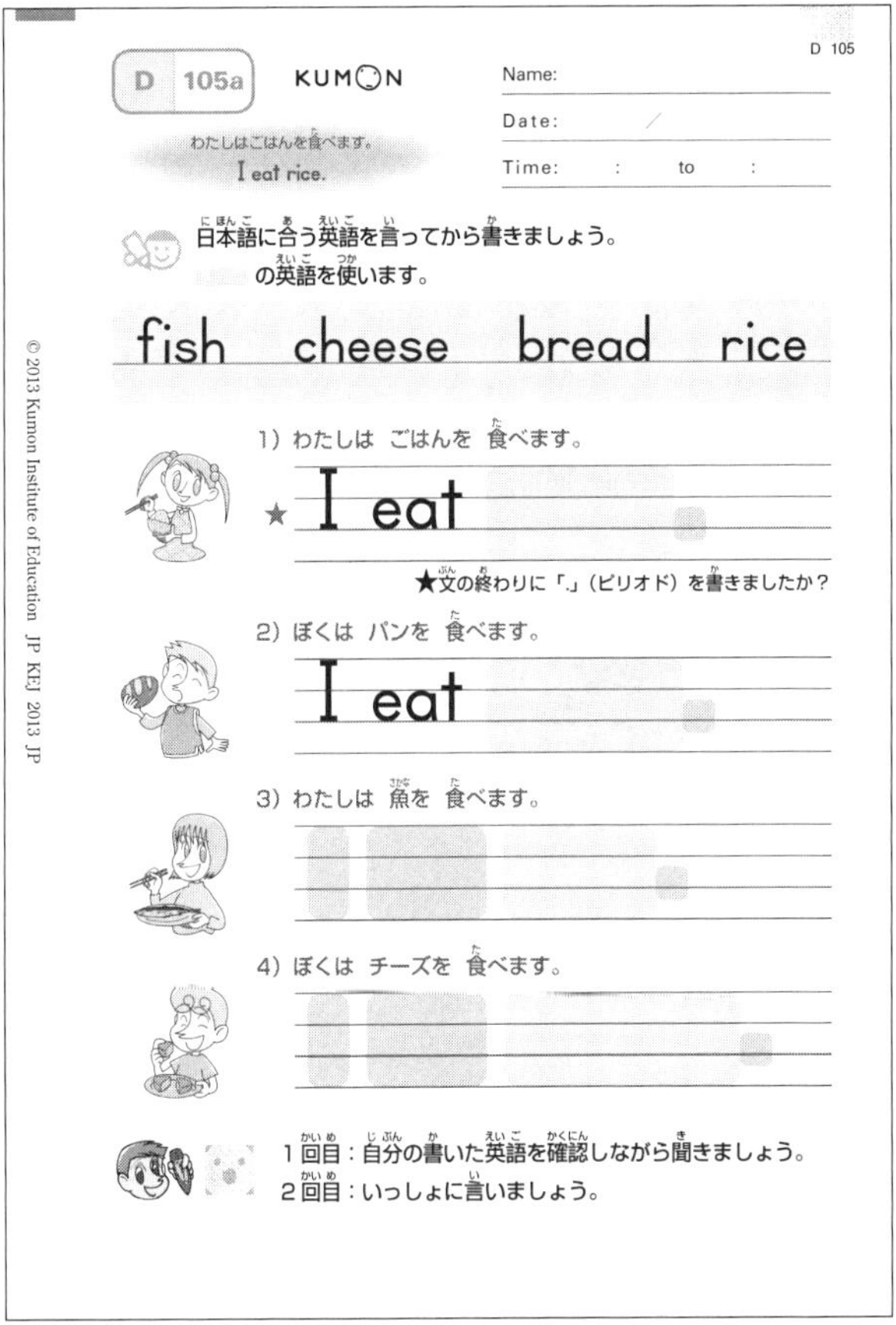

D 105

D 105a KUMON

Name:

Date: /

Time: : to :

わたしはごはんを食べます。

I eat rice.

日本語《にほんご》に合《あ》う英語《えいご》を言《い》ってから書《か》きましょう。

の英語《えいご》を使《つか》います。

fish cheese bread rice

1) わたしは ごはんを 食《た》べます。

★ I eat

★文《ぶん》の終《お》わりに「.」（ピリオド）を書《か》きましたか？

2) ぼくは パンを 食《た》べます。

I eat

3) わたしは 魚《さかな》を 食《た》べます。

4) ぼくは チーズを 食《た》べます。

1回目《かいめ》：自分《じぶん》の書《か》いた英語《えいご》を確認《かくにん》しながら聞《き》きましょう。

2回目《かいめ》：いっしょに言《い》いましょう。

図15

N 144

N 144 a ☆

KUMON

Name :

Date :

Time : : to :

§5. I Have a Dream (12)

36

◆英文を読んで、問いに答えなさい。

I have a dream that one day on the red hills of Georgia, the sons of former slaves and the sons of former slave owners will be able to sit down together at the table of brotherhood. I have a dream—That one day even the state of Mississippi, a state sweltering with the heat of injustice, sweltering with the heat of oppression, will be transformed into an oasis of freedom and justice. I have a dream—That my four little children will one day live in a nation where they will not be judged by the color of their skin but by the content of their character. I have a dream today—

いつの日か、ジョージア州の赤土の丘の上で、かつての奴隷の子孫と奴隷所有者の子孫が同胞としてのテーブルに同席することができるであろうという夢が私にはあります。私には夢があります—いつの日か、不正という炎熱にうだり、圧制という炎熱にうだっている州であるミシシッピー州ですら、自由と正義のオアシスに変えられるという。私には夢があります—私の4人の幼い子どもたちが皮膚の色によってではなく、人格の中身によって評価されるような国にいつか住めるだろうという。今日、私には夢があります—

I　日本語に合う英語を本文から選んで書きなさい。

1）かつての奴隷の子孫（4語）＿＿＿＿＿＿＿＿

2）彼らの人格の中身（4語）＿＿＿＿＿＿＿＿

しかし、グローバル化の時代においては、せっかく英語をやるのなら、読む、書く、聞く、話すの4技能すべてをバランス良く育てなければならないという風潮が強い。その点、公文式の英語教材だけでは偏《かたよ》りがあることは否《いな》めない。

そこで、イングリッシュイマージョンキャンプというイベントが開催されている。公文式で英語を学ぶ子供たちが、世界中から集まった学生とともに英語漬《づ》けの数日間を過ごす宿泊イベントだ。

また、実用英語試験の受験も推奨している。1つは英検だ。公文式の英語のGレベルが英検5級程度に相当し、Ｉレベルなら英検3級に相当する。さらにTOEFL Primaryもある。留学の際などに英語力の証明として必要となるTOEFLの小・中学生版テストである。

ビッグデータ解析《かいせき》で教材を改訂

「完璧な教材などあり得ない」「教材の改善点は子供から学ぶ」が公文式の教材改訂の基本姿勢。指導者や本部は互いに事例を共有し、指導法や教材の改善のポイントを常に探している。ただし、思いつきの改訂はしない。指導者の自己満足になる場合が多いからだ。代わりに必ずエビデンスを示すことになっている。

その際に重要な手がかりとなるのが「生徒記録」である。全国の生徒の生徒記録がデータ化され、本部に集積《しゅうせき》される。まさに公文式学習のビッグデータである。そのビッグデータを解析していくと、たとえば多くの子供が同じプリントを何度もやり直していることが見えてくる。そこにつまずきのポイントがあることがわかる。指導者や本部がそのつまずきの原因を分析し、教材を改訂するのだ。

公文式では素人《しろうと》が見たら気付かないほどのマイナーチェンジを常にくり返しているので、教材をがらっと大きく変えることはほとんどない。

目的に対して合理的な進化を続ける公文式の教材であるが、それを運用するのは指導者である。一部では「公文式の効果は指導者の質によって大きく左右される」という声もある。継続的な教材の改良に並んで、指導者のモチベーションおよびスキルアップは公文式の生命線とも言える。指導者には公文教育研究会の社員が「コンサルタント」として寄り添う。

指導者になるためには当然研修がある。学力試験をクリアし、公文式の理念をしっかり理解した者でなければ公文式の指導者にはなれない。研修期間が過ぎても、指導者としての自己研鑽《けんさん》は欠かせない。公文式の本部では指導者の自己研鑽の機会として各種講座を用意している。また、指導者同士による自主的な研究会も各地で開かれている。

世界中の人のことを考えられる人になってほしい

この章の冒頭で紹介した教室のオーナーかつ指導者は竹田正子さん（仮名）。この道30年以上というベテランだ。

指導の際にいちばん気を付けていることは何か。

「自学自習ができるように、子供たちの『ちょうど』を見極めて課題を与えることです。『ちょうど』というのは、問題の難易度だけではありません。生徒のその日のコンディションや気持ちに合わせて、量的にも質的にも微妙なさじ加減をする必要があります」

「ちょうど」の見極めに失敗してしまうことはないのか。

「それはもちろんあります。うまくいくのは7割くらいでしょうか。いや、最近は9割くらいにはなっているかしら……（笑）。そういう意味では公文式の指導者は自分に厳しい評価をする人が多いと思います。決して満足はしません。でも落ち込んでいる暇《ひま》はありません。毎日があわただしく過ぎていきます」

その他の学習教室に比べて、公文式の優れている点はどこだと思うか。

「子供1人ひとりに合わせてあげられることだと思います。大人が教え込まず、子供が自分で気付くのを待つことができます。靴《くつ》に足を合わせるのではなく、足に靴を合わせるような教育です」

公文式でどんどん先に進める子と、なかなか前に進まない子、長続きせずやめてしまう子の違いはどんなところにあると思うか。

「なかなか先に進まない子や早々にやめてしまう子というのは、教材の与え方が悪かったのでしょう。これは公文式の永遠の課題です。『ちょうど』を間違えなければそうはならないはずなのです。一方で、やり抜く力をもっている子供はどんどん伸びていきます。加速度的に伸びていくと表現してもいいでしょう」

公文式でやり抜く力が鍛えられるケースも多いが、教室に来た時点でやり抜く力がすでにあるように感じられる場合には、どんどん伸びていくことが予測できるというのだ。

竹田さんは、公文式で効果を出すためにはとにかく毎日続けることが大事だと訴える。

「公文式は頭のための『ごはん』だと子供たちにも保護者にも説明します。毎日決まった時間に適量を摂取することが大事です。プラスして楽しい会話があるとなおい い。公文式のプリントでの『間違い』は『うんち』にたとえます（笑）。『ごはん』を食べるからこそ『うんち』が出る。それは健康の証。決して悪いことじゃない。『うんち』をしたらおしりを拭《ふ》いてキレイにするのと同じように、間違えたところはキレイに消してもう一度解き直せばいいんだよと説明します。ミスが出ないということは『便秘《べんぴ》』です。課題が簡単すぎて栄養になっていないのかもしれません。量が少なすぎるのかもしれません。ミスが多すぎる場合は『下痢《げり》』を疑います。何らかの消化不良を起こしていると考えられますので、量を減らす、レベルを下げるなどの対処を行ないます」

公文式が続かない子供の場合、子供自身ではなく、家庭に問題がある場合も多いと指摘する。親の目が十分に子供に向けられておらず、基本的な生活習慣ができていない場合も多いのだ。それでは「ごはん」も「うんち」もままならない。

「そうであっても公文式はサポートを諦めません。公文式での指導を通じて子供が変われば家庭まで変わることがあります」

中学受験に関して保護者から相談を受けることはないか。そんなときどう対応するのか。

「何のために中学受験をするのか、どの程度のレベルを目指すのか、によって対応の仕方は変わります。塾には通わず、公文式だけに通って医学部に進む子供もいっぱいいます。私の教え子にも、公文式だけで東工大、一橋、防衛医大などの難関大学に合格した生徒がたくさんいます」

ぜひ通わせたい私立の中高一貫校があるのなら中学受験もいいが、ただ単に偏差値の高い大学に行くというのなら、何も中学受験をする必要はないと言うのだ。

「開成《かいせい》や桜蔭《おういん》など最難関の中学校を目指しているご家庭は、入会前の面談からずばり中学受験について聞いてくることが多いように思います。それを前提に、公文式をうまく利用しようと考えているのです。小学生のうちに微積分まで到達できるような子供なら、最難関校合格も可能だと答えます」

いくら開成や桜蔭、灘《なだ》だって、小学生のうちから微積分の問題を解くことは求めない。しかし公文式に通ってそれくらいスムーズに進む子供であれば、中学受験をしても難なく最難関校に合格していくことが経験上わかっていると言うのだ。

「中学受験を前提にしているご家庭は、小学校の低学年で2～3年公文式に通わせ、小4から中学受験塾に鞍《くら》替えするケースがほとんどです。算数の計算が得意になることは中学受験でも大きな武器になりますし、公文式で国語をやっていると、中学受験勉強を始めてから、社会や理科の成績が上がりやすい傾向もあるようです」

公文式の読解力が身に付いていると、社会や理科の教科書に書いてあることの要点をとらえやすいのかもしれない。

「最近は中学受験塾に通い始めても、英語だけは継続するケースが増えています。中学入試には関係ありませんが、せっかく低学年から培ってきた英語を忘れてしまうのはもったいないと思う保護者が増えたのでしょう」

現状の公文式をさらに改善するとしたら、どんな点が挙げられるでしょうか。

「指導方法や教材の内容については今でも常に見直しを行なっています。それは今後も継続していくべきでしょう。それ以外の部分で言えば、生徒募集の手段が未だに新聞のちらしや広告媒体といった旧態依然《きゅうたいいぜん》としたものに頼りがちであるところは問題かと思います。公文グループは意外と泥臭《どろくさ》いんです（笑）。インターネットなどを活用したもっと効率の良い募集方法があるのではないでしょうか。また、最近は物騒《ぶっそう》な世の中になってきました。共働きの家庭も増えています。送迎サービスなどは今後検討しなければいけないのではないでしょうか」

指導者としての醍醐味《だいごみ》、難しさは何か。

「教室は私のパワースポットです。子供たちといっしょに学んでいるとこちらまで元気をもらえるのです。指導者をやっていて良かったなといちばん強く感じる瞬間は、何と言っても最終教材の最後のプリントに丸付けするときです。そのときばかりはスタッフではなくて、私自身に丸付けをさせてもらいます。何年間にも亘って、何千枚というプリントを、１枚残さずやり遂げた達成感は、私にとっても感無量《かんむりょう》です」

竹田さんが生徒や保護者に最近よく言う言葉がある。

「自分の学年をやっている子は、今は自分のことに集中していればいい。１学年上まで進んだ子は、学校のクラス全員約30人のことを考えられるようになってほしい。２学年上まで進んだ子は、30人の２乗で９００人のことを考えられるようになってほしい。３学年上まで進んだ子は、30の３乗で２万７０００人のことを考えられるようになってほしい。そして最終教材を終えた子は、世界中の人のことを考えられるようになってほしい」

１学年上、２学年上、３学年上、そして最終教材まで終えられる子は、それだけ優秀であり、多くの人たちのリーダーになってほしいということだ。

「一方で、指導者としての難しさは何かと聞かれれば、保護者対応が挙げられます。で始めたころは生徒対応よりも保護者対応に戸惑うことが多かったように思います。でもすでに何千人という生徒を指導してきて、今は自分のキャパシティが広がっています。大概《たいがい》の日本人のタイプには会ってきたんじゃないかなと思います（笑）。素晴《すば》らしい保護者にもいっぱい会いました」

理想の指導者のあり様として、坂本《さかもと》龍馬《りょうま》と西郷隆盛《さいごうたかもり》を挙げる。

「司馬遼太郎《しばりょうたろう》の『竜馬がゆく』の中で、『坂本龍馬の下では誰もが楽に息が付ける。だから龍馬の下には人が集まる』というような表現があったんです。自分もそんな指導者になりたいなと思います。また同じ物語の中で、西郷隆盛は驚くほど私のない人間だったということも書かれているんです。私利私欲にとらわれない人だったということです。私も恥ずかしながらそんなふうになれたらいいなと思っています」

教室経営者としての醍醐味は何か。

「私が公文式の指導者になったとき、上の子は2歳、下の子はまだ9カ月でした。ライフスタイルに合わせて仕事ができることが魅力でした。子育てとの両立でてんてこ舞いだった時期もありますが、公文式の本部も、地域の研究会の仲間も、みんながバックアップしてくれました。もちろん夫の理解とバックアップも絶大でした。フランチャイズ方式による個人経営ですから、いちばんのリスクは健康です。自分が病気になることはもちろん、家族の病気や介護のリスクも避《さ》けられません。ただし、私は病気で教室を休んだことがこの30年間一度もありません。朝熱があっても、教材の準備をしながら子供たちのことを考えていると、いつの間にか熱が下がってしまうのです。やっぱり教室は私にとってのパワースポットなのでしょう」

公文式教室の経営者としての難しさはどんなところにあるか。

「東京で教室を開くにはある程度の経営力が必要かなと思います。東京は部屋の賃料も高いですし、人件費も高く付きます。公文式の月謝は全国共通ですから、物価の高い地域では利益は出にくい構造です。経営の効率化という意味ではもっといい方法があるのかもしれませんが、今はこのやり方で満足しています。そもそもたくさんの利益を出そうという発想は私の中にはないんです（笑）。だから続いているのでしょう」

本部に支払うロイヤリティは75％～40％

古田綾乃さん（仮名）は、子供が通っていた教室の指導者が引退する際《さい》に、教室を引き継いでほしいと頼まれ、引き受ける形で公文式の指導者になった。

古田さんは家庭の事情で最近教室を閉じたが、以下は、古田さんの証言をもとに指導者の立場から見た公文式の内幕だ。

教室開設前の研修期間は約1カ月、週1回の集合研修5回と、研修日と研修日の間に自宅で学ぶWebプログラムがある。公文式の基本的な考え方、指導・運営の基礎知識、各教材の構成、保護者対応など、全般に亘って座学とWeb、実際に教室にて実習という形で学ぶ。

「教室見学・教室実習で実際に学習の様子や指導者の仕事などを見る機会があるのですが、それまでに研修中に事例として映像などで見ていたような、たとえば幼児で方程式を解く子、英語をスラスラ読む子などを目の当《ま》たりにし、とても驚いたのを覚えています。また、指導者のカラーによって教室の雰囲気はまったく違うということも感じました。基本的に研修で訪れる教室は、公文式の方針にのっとった、〝素晴らしい〟教室ばかりです。異年齢、異教材を学習する生徒が、好きな時間にやってきて各々学習していくのを、受け入れ、指導し、見守り、見送る……。指導者がいくつもの役割を担《にな》って怒濤《どとう》のように教室が回っていくのが印象的でした。実際には、ほのぼの系の教室や、がやがやとうるさい教室もあるのではないかと思います」

開設後は、より具体的に教材や生徒指導について学ぶ。担当スタッフが付き、実地的にアドバイスをくれたり、相談に乗ってくれたりする。

最初の２年間は通称「インストラクター期間」と呼ばれ、初期費用、会場費、ＰＲ費の補助などが受けられる。赤字にさせないための配慮だ。代わりにロイヤリティが高めに設定されている。１年目は75％、２年目で60％が基本。３年目以降は45％または40％。生徒が受講するのべ教科数によって変わる。

１週間の実働《じつどう》は、教室での指導が２日、準備に２日。その他、研修・講座・ゼミへの参加、保護者対応、各種事務作業が発生する。

教室で指導に当たる日の勤務時間は15～20時。中高生もいたので、実際は20時半くらいになることも多かった。幼児がたくさん通っている教室だと14時半～、中高生が多いと21時までなど、教室によって指導時間帯には違いがある。週２日、１回５時間程度、月７日以上指導日を設けることが原則とされている。

指導のない日に、各生徒の前回の教室や宿題でのできを確認し、教材を前に進めるのか復習をくり返すのか方針を決定、次回教室で学習するプリントを選び、セットしておく。教室時間中にスタッフの手を借りて次回の準備を完了する指導者も多い。

「学習が順調に進んでいる生徒のセットはそれほど時間がかかりませんが、不調で、対策を要するケースなどは時間がかかってしまいます。たとえば1教科あたり平均3分と考えると、のべ100教科なら300分、つまり5時間かかることになります」と古田さん。

多くの教室は月・木か火・金なので、主に水曜日に各地の事務局で研修会が開催される。古田さんは、多いときは毎週、少なくとも月に1、2回は参加していた。講座やゼミに参加することで単位が付与される。資格保持のために年間に決まった単位を取得しなければならないのだ。

必修講座と選択講座がある。最低限、単位取得のためだけに出席する指導者も実際にはいる。事情により必要な講座に出席できない場合は、Webで受講してレポートを提出することもできる。

保護者面談は、入会時および入会後１～３カ月後などのタイミングのほか、全保護者を対象に年２回実施する。保護者のほうから相談されることもあり、適宜《てきぎ》面談や電話でのやりとりもある。日々の教室で起こったことで、保護者に伝えておいたほうが良いことなどは、できるだけタイムリーに電話やメール、メモなども利用して伝えていた。

新しい生徒には「学力診断テスト」を行ない、保護者とも面談をする。教室時間中は生徒対応で忙しいので、時間外に行なう。約７割が、無料体験学習と夏の特別学習といった年４回のイベントをきっかけに入会する。この時期は夕方～夜または休日にテストと面談をする日が増える。スタッフの手を借りて、教室時間中に実施する場合もある。

そのほか、教室だよりの発行、イベントに向けての準備、税務処理、教材・教具の発注、Ｗｅｂでの月次報告書、スタッフ募集、生徒募集などのＰＲ活動、スタッフ教育などが必要だ。

「流れとしてはどの教室も同じだと思いますが、教室規模《きぼ》やスタッフの雇い方によって、指導者自身の仕事量はかなり違うと思います。貸会場か自宅か、また地域性などで生徒の数は大きく違いますし、スタッフにかける経費と自身の負担をどういうバランスにするか、それぞれではないでしょうか。ほとんどが主婦ですので、子供が小さいうちはセーブして、自由な時間が増えたら公文式に割《さ》く時間を増やすとか、そのうちに親の介護が始まりまた働き方を変えるなど、いろんな先生方がいらっしゃいます」

はっきり言って、割のいい仕事ではない。

開設後2年間のインストラクター期間は金銭面のサポートがあるが、貸会場の場合、賃貸契約時の保証金、敷金などは援助対象外だし、初期費用援助（15万円）の範囲内で購入できない備品も出てくる。初期投資が100万円を超すこともある。一主婦にとっては大きな決断だ。公文式専用のローンもある。

公文式の指導者になってまだ日の浅いある指導者は「スタッフには東京都が定める時給の最低賃金を支払っていますが、自分の時給を計算してみたらそれ以下でした」と苦笑いしていた。古田さんも口を揃える。

「引き継ぎだったのでスタート時から生徒もおり、備品等の新たな出費はほとんどありませんでしたが、それでも収入だけのことを考えれば、時給いくらで働きに出るほうがよっぽど気が楽だと思ってしまうことがありました」

しかし、公文式の指導者を仕事として検討する人の多くは、収入だけでなくやりがいを求めているのではないかと古田さんは分析する。

本部が設定する研修会とは別に、指導者たちによる自主的な研究活動、略して「自主研」もある。

「公文式の先生は、基本的にはエネルギッシュでやる気があり、子供たちのために一生懸命な方が多いので、強制ではない自主的な学びが成り立つのだと感じます。また、指導者は孤独な仕事です。迷ったとき、悩んだときに、事務局員に相談することももちろんありましたが、やはり現場で同じような状況を経験している先輩や同僚と相談し合い、勉強し合うのがいちばんだと思います。自分１人で経験できる事例には限りがありますが、皆で事例を共有すれば指導の幅《はば》が広がります。毎年、指導者が一斉に集まる研究大会というのもあります」

悩みとしては、自分の教材に対する知識や理解不足・指導力不足、頭で理解している公文式の理念や基本行動といった理想と現実とのギャップ、保護者とのコミュニケーション、時間的なやりくりなどが挙げられる。

「子供の気持ちや学習状態に関係なく、保護者が『もっと進めて』『宿題をたくさんほしい』と言うことがあります。家では親の監視《かんし》のもと何とか宿題をやってきますが、家で厳しくされる反動からか、教室での学習は手を抜く、ダラダラして集中しないということもあります」

保護者とのコミュニケーションには気を遣う。何気ない会話の中で指導者の言った言葉が違った意味でとらえられてしまい、本社に電話されてしまうこともあった。不調気味の子供や、宿題の状態が非常に悪い子供の保護者との意思疎通《そつう》には、特に気を遣うし時間もかかる。

「でも、結局のところ、このようにトラブルになってしまう保護者を思い出したとき、お子さんが不調な場合が多い。順調に進むお子さんの保護者とは、トラブルに発展することはまずないです」

第3章

1枚のルーズリーフから始まった

高校の数学教師だった創始者・公文公《くもんとおる》

大阪府豊中《とよなか》市の閑静《かんせい》な住宅街に「公文公記念館」がある。創始者・公文公（以下、公）の自宅を改装したもので、新入社員はここで1日研修を行なう。世界中から公文式の指導者や生徒も訪れる。いわば公文式の聖地である。

庭の銘板には、20年以上勤続して引退した指導者の名前が彫《ほ》られている。銘板のスペースがいっぱいになってしまったため、現在は銘鑑《めいかん》にその名が記されるようになっている。

公の書斎《しょさい》は、生前のままの状態で保たれている。座卓の上に置かれた電話機から全国の指導者に頻繁《ひんぱん》に電話をしては成績上位者の進み具合を確認し、より良い指導のためのアドバイスを伝えていたという。公の頭の中には、教材の内容はもちろん、成績上位者の1人ひとりの様子までもがインプットされていたのだ。

記念館の一室には公文式創業までの足どりがまとめられている。

公は1914年（大正3年）に高知県で生まれた。父親はもともと小学校の教諭だったが、辞めて造《つく》り酒屋を営んでいた。当時としてはまだ珍しいオートバイを乗り回すなど、進取《しんしゅ》の気質に富んだ人だった。しかし税金と米代にばかり追われて決して裕福な家庭ではなかった。

母親は公のことをよく「ごくどう者《もん》」と言って叱《しか》った。ごくどう者とは土佐《とさ》の言葉でダラダラと何もしない不精者というような意味だ。しかし公も「ごくどうでいける者がいちばん利口じゃないか」という理屈で口答えした。言い換えれば「最小の努力で最大の効果を上げる」ということ。その発想こそが後の偉業《いぎょう》につながるとは、母親もまったく想像していなかっただろう。

公は勉強が嫌いだった。戦前の中学校は義務教育ではなかったが、友達から中学校くらいは行っておいたほうがいいと聞き、私立土佐中学校（現在の土佐中学校・高等学校、以下、土佐中）を受けて合格した。四国屈指《くっし》の進学校である。

土佐中の教育方針は、自学自習を推奨《すいしょう》し、先へ先へと進ませるものだった。特に主要教科においては実際の学年よりも１学年以上先取りさせる方針だった。これが「ごくどう者」にはもってこいだった。講義を押しつけられるでもなく、他人から「やれやれ」言われるのでもなく、自分で好きなことを勝手に進めておけば後で楽ができるからだ。「うさぎとかめ」のうさぎの気分である。

公は小学校の時分から算数が得意だったが、中学校で数学を習ってからはその面白さにますます魅《み》せられた。方程式を使えばつるかめ算などを使わなくても簡単に答えが出せることが気持ち良かった。

しかも土佐中の数学の授業は問題集を渡されて各自が勝手に進めるスタイルだった。わからないところだけ先生に質問し、わかったらまた先へ進める。公はどんどん先取りした。

中3の1学期で旧制高校（現在の大学教養学部に相当）受験に必要な代数の範囲を修了。中3の2学期には同じく幾何を修了した。この体験が公文式学習法の礎《いしずえ》になる。

一方で、国語は得意ではなかった。家庭が貧乏だったため本を買ってもらえず、幼少期の読書量が足りなかったからだと公は分析している。この悔しさが幼少期からの読書量を重視する公文式の国語指導の原点になっている。

公は旧制高知高校（現在の国立高知大学）の理科に進んだ。

ここで英語をみっちり仕込まれる。文法や作文は無視してとにかく原書を読み進める、現在でいうところの「多読」の指導だった。最初はしんどかったが、3年生になるころには難なく英作文ができるようになっていた。どんどん原書を読んでいくのがもっとも効率の良い英語習得法であると、公は確信した。これが後に公文式の英語指導の方針になる。ただし晩年まで公は英会話が苦手だった。必要なときは筆談で会話をしたという。

公は大阪帝国大学（現在の国立大阪大学）の理学部数学科に1期生として進学した。そこで「抽象代数学」を学び、卒業後、高知県立海南中学校（現在の県立高知小津《おづ》高校）に就職した。1936年のことである。

公の教師としてのキャリアは戦争に翻弄《ほんろう》された。2年10カ月におよぶ兵役では満《まん》州《しゅう》での生活も経験した。幸い前線に送り込まれることはなく、得意の数学を活かして、帳簿付けなどを担当した。

その後、戦中は、各地の兵学校を転々とし、主に数学を教えた。そんな最中、見合いをした女性と1945年3月に結婚。妻・禎子《ていこ》である。

戦後、公は大阪と高知を行ったり来たりしながら、大阪理工科大学予科（現在の私立近畿大学）や天理《てんり》中学、高知商業高校、土佐中学・高校、追手門《おうてもん》学院中学・高校、桜宮《さくらのみや》高校などで教えた。その間、生徒たちを自宅に招き英語を教えたり、大学生の知り合いに家庭教師をやらせたりと、学校の範疇《はんちゅう》を超えて教え子たちに関わった。生徒の学力を上げることに関してはなりふり構わないたちなのであった。

小6で微積分を終えた息子・毅《たけし》

大阪府の府立桜宮高校に勤めながら、家族と大阪府守口《もりぐち》市に住んでいた1954年の初夏、小学校2年生の長男・毅のズボンのポケットから算数のテストが出てきた。あまり良くない点数だったことを妻・禎子が気にかけ、公に息子の勉強も見てやるように頼んだ。

もともと公は、小学校のうちは健康第一で、中学生になってから計画的に勉強すれば良いという教育方針をもっていた。しかし、小学校で算数がクラスの中位では困るとも考え、引き受けた。

最初は市販のドリルを使ったが無駄が多かったので、A5判4つ穴のルーズリーフに鉛筆で計算問題を書いて渡すようにした。いわずもがな、これが公文式のプリント教材のはじまりである。当時の手作り教材の原本は、公の死後発見され、今は公文公記念館の「原典教材の部屋」に展示・保管されている。

問題のプリントに混じって「毅君へ　第56回Aの間違いをなくするには下の事に気をつけること」などと書かれた手紙もある。仕事から帰宅して、夜中に書いたものだろう。親子の心の通い合いが感じられる。この親心が、今も公文式のプリント教材に引き継がれている。

3カ月ほどで毅の学力は安定したものの、家庭学習をちょっと中断するとまた成績が下がった。そこで公は中学校以降の数学のことまでを考えて、長期的な学習計画を作成し、4つのルールを決めてそれを遂行させた。

（1）毎日30分勉強する。
（2）小学校の成績向上を目標とせず、高校程度まで進める。小学校の教科書は参照しない。
（3）途中でやめると嫌になるので、いつまでも続ける。
（4）問題は1日分ずつ作成し、夕食前に自習させる。

逆に夕食後は一切勉強の話をしないことも決めた。30分の学習は禎子が監督し、採点は公が夜間に行なう。間違いがあれば、本人の気付きを促《うなが》すアドバイスを書き加え、毅に戻した。毅の学力の伸びに合わせて、計算能力を高めるという点に焦点を絞って、自学自習ができるように作問をくり返した。

小2の2月から始め、小3の夏には中学校の数学に足を踏み入れ、小3の終わりには三元連立方程式まで進んだ。5年の夏までに因数分解、分数式、無理式をやり、その後、二次関数、分数関数、指数、極限、微積分と続き、6年の夏には数列にまで到達した。結局小学生のうちに高校数学までをほぼ終えてしまった。

毅は小学校低学年のうちから難解な専門書を読めるほどに頭が良かった。公文式はもともと、国語力があるかなりできる子向けに作られた教材だったのだ。

毅が高速で学習を進めていると、知人からも子供の勉強を見てほしいという依頼が舞い込んできた。そこで毅に与えた計算問題を書き写し、同じようにやるように指示したところ、これまたすぐに成果が表れた。学校の算数の成績が5段階中2の子供なら、半年で4にまで上げることが可能だし、4の力を5にするのなら2～3カ月で十分であることがわかった。

「このような学力を高める有効な方法があるのに、自分の息子など限られた子供だけにさせておくのはもったいないのではないか、たとえば同級生などもっとたくさんの子供にさせて、みんなのレベルを上げなければ、社会的にも損になるのではないか……」と公と禎子は考えた。

そこで自宅の2階を開放して、週3回の算数教室を開いた。1956年のことである。生徒の人数分の計算問題を、毎日禎子が手書きで書き写した。

最初は学年相当よりも半年くらい前にまでレベルを下げて始めることで、どんな子でもスムーズにスタートが切れて、その後の学習にも勢《いきお》いが付けられることもわかった。

その後、公の教え子であり元小学校教員の女性に教材を渡し、同様の指導を彼女の自宅でも実施してもらうようにした。これが公文式算数教室展開の第一歩となった。さらに続けざまに2つの教室がオープンし、どこも大反響となった。

高知高校の同級生の会社経営者の勧めもあり、公は公文式算数教室の事業化を決める。1958年の夏だった。

1959年にはすでに「進度一覧表」ができている。それぞれの生徒がどの教材のどこまで到達しているかを一覧にし、学年ごとにトップの生徒から順番に氏名を記したものである。ここで上位に名を連ねることが公文式での名誉とされるようになる。

1961年には教室数は80を超え、生徒数も2000人を突破した。しかし教室経営としては赤字続きだった。公は高校教師としての給料の中から、公文式の運営資金を捻出《ねんしゅつ》していた。

「公文式」という言葉を初めて使ったのは1962年ごろ。当時広まりつつあった「水道方式」という数学教育法に対抗する形で名前を付けた。同時に「何を教えるかではなく、何を教えないかが大切である」と訴えた。このころから土佐中時代の同級生などに経営を任せるようにした。東京にも進出した。

規模が大きくなると理念を浸透《しんとう》させるのが難しくなる。特に「本当に計算だけでいいのか。文章題や幾何はやらなくていいのか」という疑問の声が指導者の中からも上がってくるようになる。そこで始めたのが指導者研修会だ。公は口を酸《す》っぱくして「２～３学年先の計算ができれば、自分の学年の応用問題は簡単に解けるのだ」と伝えた。

１９６８年、公文式に専念するために、公は33年間におよんだ高校教師生活にピリオドを打った。

『公文式算数の秘密』がベストセラー

教室数や生徒数は順調に伸びていたものの、公には欲求不満があった。「今学校でやっていることよりも、将来の大学進学をらくにするための公文式」という長期的視野が、親たちになかなか伝わらなかったのだ。

しかしその欲求不満を払拭《ふっしょく》し、公文式の知名度を一気に押し上げる事件が起きた。1974年、『公文式算数の秘密』(公文公著、廣済堂刊)が出版され、30万部を超えるベストセラーとなったのだ。その担当編集者こそ、現在の幻冬舎《げんとうしゃ》社長であり、出版界のカリスマ・見城《けんじょう》徹《とおる》である。

『公文式算数の秘密』の第1章で、公は次のように宣言する。

「私は、ほかならぬ私の子どもの大学進学を考えて、この教材を作ったのである。つまり、高校数学へ一直線に進ませる、最も確実な、効果の高い、学習法である。そして、時間的にも経費的にも、最も安上がりな学習法であるということを、私はあえて明言したいのである。平たくいえば、子どもに確実な学力をつけ、大学進学を有利にするために、いちばん得をするのが公文式であるといいたい」

「ごくどう者」の面目躍如《めんもくやくじょ》といったところである。

そのほかにも、次のように言い切る。当時の公の教育観、学習観、人生観が凝縮されている。

なるべく早い時期から能力に応じた学習をし、学年よりも高い段階に進んでおくことが、秀才への道であり、一流高校、一流大学進学への近道でもあるということが言えるのだ。

「子どもがいやがりますので……」と言って、簡単に学習を中断する母親がときどきいるが、わが子に学力をつけることよりも、子どもの感情や意見を尊重することを選ぶという方針ならば、それでも良いだろう。

しかし、子どもが少々いやがろうとも、将来安心できるような、必要最低限の学力をつける方法を講じてやることは、親としての義務ではないかと私は考える。

生身の人間のことであるから、いつまでも機械のように規則正しく、一定のペースで進みつづけることは、なかなか困難なことだ。根気がつづかなくなったり、調子が狂ってきたりすることがしばしばである。子どもが勉強を怠けたり、今まで通りの成績を上げなかったりすると、親はすぐに子どもを叱りたがる。しかし、悪いのは必ずしも子どもではない。多くの場合、責任は教育者や親にあるのだ。（中略）その子の能力に適した学習をさせれば、子どもは喜んで勉強に励むものである。子供が勉強ぎらいになるのは、多くの場合、無理なことをさせるからにほかならない。

> 目標点を高校数学と定め、そこから高校→中学校→小学校課程というように、いわゆる〝下降方式〟で、しかも内容を精選《せいせん》し、それを徹底的に理解して進むことができるように構成されている。
>
> したがって、現行の教科書のように小学校→中学校→高校課程というように〝積み上げ方式〟をとった場合よりも、学習の課程に無理が生じない。教材の一貫性、学習の円滑化《えんかつ》という点では、これほど合理的なものはないはずである。

さらに、「秀才」を「自分の学年よりも一年以上高い課程を、すらすら学習できる生徒」と定義し、「秀才」を育てる方法を説く。数学１教科しかも計算問題に特化することの合理性、子供の学年に関係なく早くから取り組ませどんどん先に進むことの利点、成績上位の子供でなくても「ちょうど」の課題を与えれば「秀才」になれることなどを、たたみかけるように訴える。

幼稚園児で小６程度の分数計算をやってのける事例、小４で中学数学を終えてしまった事例、小６で高２程度まで進んでいる生徒の事例などをエビデンスとして示し、「普通児の八〇パーセントは秀才になる可能性を持っている。しかし、子どもたちを秀才にするのをはばんでいるのは、多くの場合、ほかならぬ母親たちである」と断言する。母親たちに正しい意味での「教育ママ」になれと呼びかける。

高校進学率が９割を超え、学歴社会に拍車がかかったのがまさに１９７０年代。スピードを競うように知識を詰め込む「新幹線教育」や、小学校・中学校・高校の各段階で授業に付いてこられる生徒が７割・５割・３割と低下していくことを揶揄《やゆ》した「七五三教育」などという言葉が生まれた時代である。

「母親にやる気さえあれば、毎日三〇分程度、公文式の学習をつづけることによって、普通児でもその八〇パーセントは秀才になるし、一流大学へ進学できる可能性がでてくるのである」とまで言われれば、それに抗《あらが》うほうが難しい。

高度成長期の企業戦士を支えた専業主婦の母親たちが、わが子の教育にも熱心であったことは想像に難《かた》くない。公文式は、こうして彼女たちの不安と期待を鷲《わし》づかみにしたのである。

教室数、生徒数は急増した。1975年には教室数1960、生徒数11万人になっていた。教室オープンが間に合わず、通信指導も開始した。1977年、生徒数20万人を突破。1979年には50万人を突破。倍々ゲームの勢いである。

1980年には英語をスタート。1981年には国語をスタート。現在の3教科体制が整備された。1981年には「国内学習者数」がついに100万人を超える。国内学習者数とはのべの生徒数のこと。1人の生徒が算数と英語を学んでいたら、国内学習者数では2人とカウントされる。1980年に英語がスタートしてからの公文式での生徒数の数え方である。

アメリカ公立小学校「サミトンの奇跡」

『公文式算数の秘密』が大ヒットしたのと同じ1974年には、アメリカのニューヨークでも公文式がオープンしていた。日本で子供を公文式に通わせていた家族がニューヨークに転勤になり、ニューヨークでも公文式を続けたいと相談をもちかけたのがきっかけだった。1975年には台湾の台北《タイペイ》に事務所をオープンした。1977年にはブラジルのサンパウロに教室がオープンした。いずれの場合も現地の日本人コミュニティーからの要請《ようせい》に応《こた》えた形だった。海外の日本人にまで公文式の評判が知れ渡るようになっていたのである。

1980年にはサンパウロとドイツのデュッセルドルフに、1982年にはアメリカのロサンゼルスに、1984年にはオーストラリアのシドニーに、1988年には香港《ホンコン》に、それぞれ現地法人を設立した。いずれも日本人駐在員の多い都市だ。最初はその子供を対象に教室を展開したのである。

ただしいずれも現地の日本人コミュニティーの要請に応えた形であり、当初公文式としては積極的に海外への事業展開を予定していたわけではなかった。

1988年に「KUMON」の名を世界に轟《とどろ》かせる出来事があった。

学力低下に頭を抱えていたアメリカのアラバマ州の公立小学校サミトン校から「ぜひ公文式を授業に取り入れたい」との強い申し出があり、正規の授業として公文式が導入されたのである。

わずか数カ月で目覚ましい成果を上げた。そのことが「サミトンの奇跡」として、「ニューズウィーク」「タイム」などのメディアに大々的に取り上げられ、「KUMON」の名が全米に知れ渡るようになった。

噂《うわさ》はアメリカ以外にもまたたく間に広まり、世界各地の現地の指導者による現地の子供たちを対象にした教室が作られるようになった。算数や数学は世界共通。公文式のカリキュラムは日本の学習指導要領とも無縁だ。だからこそ、どこへ行っても、日本語の教材を現地語に翻訳《ほんやく》するだけでそのまま使えた。

現在では世界49の国と地域に教室を展開、全世界で約427万人が公文式を学習している（2016年3月現在）。もはや「KUMON」は世界共通語。認知度からすれば、公文教育研究会は、日本を代表するグローバル企業である。

教材や指導法が世界共通であるだけでなく、指導者が教室経営者を兼ねる原則も、指導者が規定の単位の研修を受けなければいけないルールも、世界共通だ。

どちらかといえば公教育整備が遅れている発展途上国での人気が高い。そのような国や地域の、教育熱心な富裕層がKUMONを選んでいるのである。北米やヨーロッパでもアジア系の人々からの支持が圧倒的に高い傾向がある。コツコツ努力型の学習法はやはりアジア系の人々への受けがいいのかもしれない。

日本では安価だとされる公文式だが、海外での月謝は現地の物価に比較すると実は決して安くない。たとえばアメリカでは1教科あたり約130ドル（約1万3600円）の月謝である。シンガポールで145シンガポールドル（約1万900円）、フィリピンで約2000ペソ（約4300円）、インドで2500～5000ルピー（約4000～8000円）、など、富裕層でないと通えない。

一方で、イタリアの財団の支援を受け、フィリピンの貧困街には80名限定で月謝無料の教室も開設している。バングラデシュでは、BRACというNGOと共同して、やはり貧困層への教育支援を行なっている。子供たちが貧困を抜け出すための社会的インフラとしてもKUMONは重要な役割を果たしているのだ。

もともと公は1960年代に児童養護施設など14の施設で、恵まれない子供たちへの無料学習指導を行なっていた。現在でも児童福祉施設や障害者のための就労支援施設、フリースクール、医療機関などで公文式指導の提供を行なっている。

『公文式算数の秘密』でくどいほどに大学受験を有利にするための教育プログラムであることを標榜《ひょうぼう》していたのは、公文式の機能の一面を表現していたに過ぎない。一方で公は創立当初から、社会的弱者を支援する視点ももっていたのである。

世界中どこに行っても通用する。しかも成績上位者から社会的弱者まで対象者を選ばない。その普遍性こそが、公文式の完成度の高さの証左《しょうさ》である。

学習者数約427万人、売上900億4300万円

ルーズリーフに鉛筆で書かれた計算問題から始まった公文式は、今や年間売上約900億円を超える巨大事業体に成長した。その大半は本業である教室事業の売上だ。

現在国内学習者数は約151万人、教室数は約1万6300教室、教室指導者数は

約1万4500人。海外学習者数は約276万人、教室数は約8400教室、教室指導者数は約7800人。海外教室事業の売上はグループ総売上の半分に迫る。

本業の算数・数学、英語、国語の教室事業のほかに、乳幼児向けの「Baby Kumon」、高齢者を対象にした「学習療法」「脳の健康教室」、外国人を対象にした「日本語教室」、幼児から社会人を対象にした「フランス語・ドイツ語教室」、生涯学習としての「書写教室」、書籍や知育玩具《がんぐ》の開発・販売を行なう「くもん出版」などがある。基礎学力向上を課題とする全国約100の高校や大学に、教材の提供を行なう事業もある。

「Baby Kumon」は0～2歳児の親子を対象にした教室事業。乳幼児期に言語能力を高めるコツとして公が唱えた「うた200、よみきかせ1万、かしこい子」の発想に基づいている。誤解されやすいが、早期英才教育が目的ではない。

親子で教室に通うのは月1回、20分程度。親子で通うが、主には親のための時間である。子育ての相談をしたり、アドバイスをもらったりできる。

家庭では、教室でもらえる「Baby Kumonセット」に入っている読み聞かせ絵本やカード、ＣＤや歌の本などを使って、親子の時間を楽しく過ごすだけ。親自身が親としての自信と正しい知識を身に付けることで、安定した親子関係を築き、親子の絆《きずな》を育《はぐく》み、伸びる子供の土台を作ることを支援する教室なのだ。会費も1カ月2160円とリーズナブルである。

株式会社くもん出版では、公文式の知見をもとに開発されたドリル、カード、絵本・児童書、知育玩具を販売している。一般の書店や玩具売り場で購買することができる。

高齢者を対象にしたサービスには、認知症などの改善を目的とした「学習療法」と脳を若く保つことを目的とした「脳の健康教室」の2種類がある。計算や漢字など、高齢者用に開発されたプリント教材に、それぞれのペース、それぞれのレベルで取り組む。課題に取り組むことで脳を活性化するだけでなく、100点満点を取って褒《ほ》めてもらえたり、仲間同士で励まし合ったりするコミュニケーションが、高齢者の生活の質を向上する。

スイスに作ったボーディングスクール

公は１９６２年に10項目におよぶ長期事業構想を掲げていた。今となってはそのほとんどが実現している。

私立学校の設立もその１つだ。１９９０年にはスイス公文学園高等部が、１９９３年には公文国際学園が開校している。

スイス公文学園高等部はアルプスの山々を望むスイスのリゾート地レザンにある。全員が寮で生活する。いわゆるボーディングスクール（寄宿学校）である。

日本で標準的な教育を受けてきた生徒が大半。英語圏の帰国子女はほとんどいない。日本の文部科学省が認定する私立在外教育施設であり、日本の高校と同等の大学入学資格が得られる。

高いレベルの英語教育、全寮制生活を主体とした人間教育、世界で活躍できる力を養う国際教育が教育指針の３本柱だ。

英語の授業が充実しているのはもちろん、学年が上がるごとに英語で行なわれる英語以外の授業が増えていく。

寮では異学年生との相部屋。掃除・洗濯は自分たちで行なう。日曜日から木曜日の19時〜21時は勉強時間と決められている。

寮の部屋を一歩出ればそこは国際社会。教師の半分以上は外国人。カフェテリアのスタッフは地元の人々。ヨーロッパのほぼ中心に位置するスイスを拠点《きょてん》にして、休みのたびに各国を旅行し見聞を広める生徒もいる。世界各国から高校生が集まる模擬国連にも、生徒の代表が毎年参加している。

公文式の時間もある。10年生（高1に相当）は国数英の3教科必修。11年生（高2に相当）は2教科の選択必修。12年生（高3に相当）は任意選択になる。

公文式で基礎学力をしっかり固め、さらに実用的な英語力、生活力、国際感覚を養う。公文式が目指す教育の理想型の1つが、スイスの山に結実している。

初年度から東大合格者6名を出した公文国際学園

ＪＲ大船《おおふな》駅前から直通バスで約10分の高台に公文国際学園はある。1学年約160人の中高一貫共学校だ。

公文式で学び、小学生のうちに高校数学にまで到達しているような秀才を全国から集めたらすごい学校ができるはず。それが公の目論見《もくろみ》であり、そのために寮も完備した。

入試は大きく2種類に分けた。1つは普通の中学入試。もう1つは中学校や高校の内容まで学習している公文出身者向けの入試。後者については、開校当初は、筆記試験を課さず、作文と面接のみだった。それぞれ募集定員を60名と100名とした。

開校に先駆《さきが》けて、公は全国を回り、各地の指導者に「すごい学校ができるからぜひ生徒を送り込んでほしい」と呼びかけた。中学受験文化などない地方の指導者たちもそれに応えた。初年度、全国から100人の秀才が集まった。中1の時点ですでに三角関数や微積分の問題が解けるような生徒ばかりである。

1期生の中から東大に6名の合格者が出た。新設の私立中高一貫校が初年度から東大に6名もの合格者を出すことはなかなかない。世間に衝撃《しょうげき》を与えた。一躍、神奈川県の中学受験における人気校になった。

しかし公文式関係者の受け止め方は真逆だった。中1の時点で高校数学が解ける生徒が100人もいたのなら、東大に少なくとも数十人は入るだろうと期待されていたのだ。このときすでに公は亡《な》くなっていた。

開校当初は公文式の学習を正課の授業の中に組み込んでいたが、期待していたほどの成果が上がらなかった。意欲的に公文式に取り組み、全国でもトップレベルの数学力を誇った子供たちが、公文式へのモチベーションを失っていったのである。

公文式は、学校ではやらないことを、自ら進んでやる学習法だ。しかし公文国際学園では公文式をやらなければいけない。そこに最大の自己矛盾があった。公文式は、学校というある種強制力の働く環境とは食い合わせが悪かったのである。

皮肉にも、「学校ではやらないことをやらなければ意味がない」「強制では続かない」と公が口を酸っぱくして言っていたことが証明されてしまった。

現在、中2までは朝と放課後の公文式が必修だが、中3以降は任意となる。それでも中3生の9割は公文式を継続している。高校生になると、継続者は毎年半分ずつのペースで減っていく。これが中高一貫校において公文式を取り入れるベストバランスであるということで現在は落ち着いている。公文生を対象にした中学入試の枠も現在は80名程度に減っており、微積分まで出題される筆記試験を課している。寮で生活しているのは1学年あたり30人ほどである。

現在、学校としては、公文式の学習法に表面的にこだわるのではなく、公文式の根本理念を学校という枠組みの中でいかに実現するかを追求している。すなわち「自分で考えて、自分で判断して、自分で行動する人を育てる」「異質・他者を認めることのできる人を育てる」である。

校則も制服もない。自ら設定した課題について探求型の学習をする「プロジェクトスタディーズ」、生徒たち自身が企画・立案する研修旅行「日本文化体験」、自然の中でリーダーシップや団結力、問題解決能力を身に付ける「冒険型体験学習」など自律的学習の機会が豊富である。

スイス公文学園高等部同様、模擬国連には積極的に取り組んでいる。校内での模擬国連活動も盛んだ。現在スーパーグローバルハイスクールにも指定されている。

「公文公は生前、21世紀は個人別の教育の時代だと言っていました。学校という制度の中でいかに個を大切にする教育が実現できるか。会長から私たちに残された大きな課題だと思っています」と開校当初から在籍する職員は言う。

人間の可能性を追求し続けた公文公

公は野心家だったわけではない。もともと強い社会的使命感があったわけでもなさそうだ。ただ、愚直《ぐちょく》に目の前の子供のために「最小の努力で最大の効果」をもたらす学習法を追求した結果、公文式が生まれた。常に満足することなくそれを改善することで、公文式は世界にまで広まった。

自伝『やってみよう』（公文公著、くもん出版刊）の文章からは飄々《ひょうひょう》とした人柄が感じられる。

「公文公記念館」の2階には「公会長語録コーナー」がある。公が残した数々の名言に触れることができる。

「ちょうどの学習」。適温の湯に浸《つ》かっているという意味ではない。ちょっとしんどいががんばればやれないこともないくらいの負荷をかけることを意味する。

「悪いのは子どもではない」。これが公文式の指導の出発点。指導者が子供1人ひとりの「ちょうど」を見極めることさえできれば、必ず子供は伸びるという信念を表す。

「子どもから学ぶ」。子供を伸ばすヒントは子供の中にある。指導者が自分のやり方に子供を合わせるのではなく、子供から指導のあり方を学ぶ姿勢をもつことが大事だという意味だ。

「『こんなものだ』はいつもなく、『もっといいもの』はいつもある」。「これで良し」と思ってしまったら向上しない。常に未完成であることを自覚し、向上に努める姿勢が公文式を発展させてきた。

「やってみよう。やってみなければわからない」。子供は無限の可能性をもっている。だから、何事も諦めることなくやってみようという意味だ。

いずれの言葉からも、子供への温かいまなざしと、自分を含めた指導者への厳しさが感じられる。「50年前の中１と今の中１の学力が同じなのは教師たちの怠慢《たいまん》だ」という言葉も残している。

高い理想を掲げる一方で、非常に現実主義的な人でもあった。あいまいさを極端に嫌った。教材の改善には前向きだったが、常にエビデンスを求めた。頭の中だけで考えたアイディアは即座に却下された。生徒の様子を聞かれて「よく頑張ってます」などと答える職員は怒られた。どの教材をどれくらいのスピードでどれくらいの正答率でやっているか、事実ベースで説明することを求められた。

実際、公の頭の中には子供の知的可能性のフロンティアを広げてくれそうな複数の生徒たちの情報がインプットされていた。

どこの教室の誰が、どの教材にどれくらいの期間をかけていて、あとどれくらいで次のレベルまで行けそうか、どこでつまずきそうか、何をしたらそれを克服できそうかということまでもが、すべて頭に入っていたのだ。まるで歩くビッグデータ解析マシンである。

とにかくデータが好きだった。世界のアスリートの競技記録を集計するという変わった趣味ももっていた。人間の能力の無限の可能性を追い求めていたのだろう。そう考えると、公文式の「進度一覧表」が子供たちに順位を競わせるために作られたものではないことがわかる。公にとって「進度一覧表」とは、子供たちの無限の可能性を表す「競技記録」あるいは「ギネスブック」のようなものだったのだ。

100メートル走の世界記録を打ち破りそうな選手に目をつけて、毎日の練習内容、記録、コンディションを確認するように、子供たちの状態を日々確認していた。あるいは「金の卵」を育てるボクシングコーチに似たような気分だったのかもしれない。毎日適切なトレーニングを積《つ》ませれば、前人未踏《ぜんじんみとう》の大記録を打ち立てることだってできるはず。そんな信念をもちながら、子供には温かい視線を、指導者には温かくも厳しい視線を、常に向けていた。

言うまでもなく、公文式学習法は、公文公個人の類《たぐ》い希《まれ》なる能力と信念の賜《たまもの》だった。

創始者親子の死去と新生「KUMON」の誕生

1995年、創始者・公文公が死去した。すでに永く経営の中心に関わっていた長男・毅に公文式の命運がかかったが、その毅も2年後に急逝した。文字通りの「2本の屋台骨」を立て続けに失い、組織全体が動揺した。

残された社員たちは「自分たちの本来の価値は何なのか？」という問いに対峙《たいじ》しなければならなかった。

２０００年、グループ経営体制に移行した。一部のカリスマだけに頼らない組織への改編だ。同時にコーポレートアイデンティティを定めた。

「われわれは個々の人間に与えられている可能性を発見し、その能力を最大限に伸ばすことにより、健全にして有能な人材の育成をはかり、地球社会に貢献する」という創業当初からの理念に加え、「世界のあらゆる国と地域で、ＫＵＭＯＮメソッドで学ぶ機会を提供し、学習者が夢や目標に向かって自分から学習している状態を目指す」というビジョンを掲げた。

大切にするバリュー（価値）として、「わたしたちが一番大切にするもの、それは『子どもたち一人ひとり』です。次に大切にするもの、それは『志を同じくし共に歩む人たち』です。次に大切にするもの、それは『すべての社員』です。次に大切にするもの、それは『地域社会との関わり』です。」を宣言した。

現在のＫＵＭＯＮのロゴは２００１年に作られた。通称「ＴＨＩＮＫＩＮＧ　ＦＡ

図16 のべ学習者数・海外比率推移

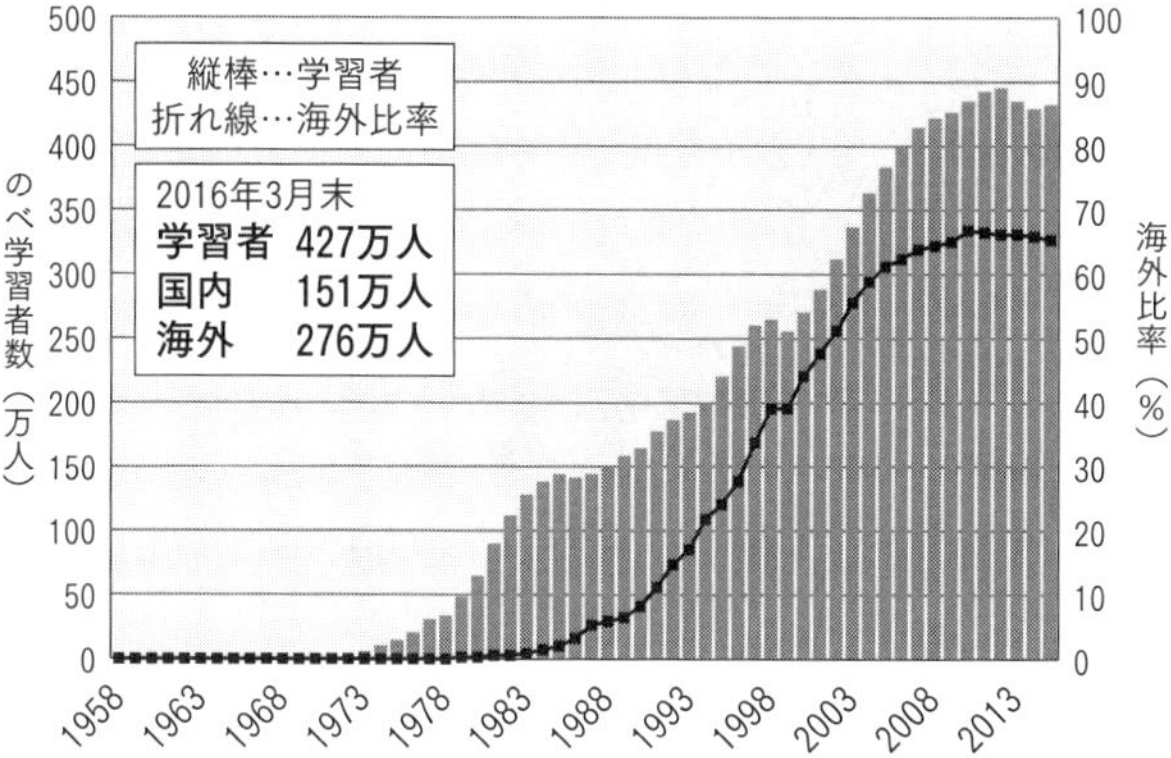

CE」。教室で学び、考え、成長する子供たちの顔であり、同時に子供たちのことを考え、成長し続ける指導者や社員の顔でもある。背景のブルーは、世界につながる大空を表している。

公と毅を失った後も、「KUMON」は成長し続けた（**図16**）。

２００８年に50周年を迎えた。そこで次の50年を見据えた長期ビジョンが掲げられた。テーマは「広がりと深まり」だ。同時に、組織のさらなる強化策も講じられた。全国に85ある事務局の仕事を仕分けし、教室現場での指導力向上に注力できるようにした。選択と集中である。

２０１４年、創始者・公文公の生誕１００周年を機に、再び原点を見直す決意を確認した。中期的経営方針として「つなげる」が定められた。３つの意味がある。過去の知恵・経験を継承すること、未来の時代に対応すること、世界のＫＵＭＯＮの知恵を還流することである。

２０１５年、教材開発を担当してきた生え抜きの社長が就任した。新社長は３つの方針を打ち出した。

・既存の教室事業の強化
・これまでのノウハウの他分野への応用
・自学自習をサポートするＩＣＴの開発

大学入試改革、人工知能、そして共働き

現在、経済のグローバル化にともない、日本における学力観や教育のあり方も大きく変わろうとしている。ＩＣＴの発展で、学習のスタイルにも変化の兆《きざ》しが見られる。

２０２０年度には大学入試改革も予定されている。一発勝負、１点刻みのペーパーテスト至上主義を改めることで、学力観そのものを変えていこうとする狙いがある。「高校数学の学習を容易にして、大学受験を有利にするための教育プログラム」としての生い立ちをもつ公文式に影響はないのか。公文教育研究会広報部に聞いた。

「まず、もともと学習指導要領も関係ないくらいですから、大学入試改革によって公文式の教材が変わるということはあり得ません。むしろ、今求められている学力観は、自学自習を追求してきた公文式の考え方と軌を一にするものですから、我々とすれば今の方向性は大歓迎です。また、実用英語の必要性という意味では公文式の英語の出番がますます増えるのではないかと思っています」

前向きな答えである。

一方で、『２０２０年の大学入試問題』（講談社）の著者・石川一郎《いしかわいちろう》さんは、公文式を「究極的な20世紀型教材」と評する。

「公文式は、ある意味究極の勉強システムです。課題がはっきりしている。正解のある問いが出される。解き方は提示されているので、基本的にはそこに当てはめていけばいい。要は、マニュアルどおりに進めていけば必ず正解にたどり着き、正解にたどり着くと次のステージに行ける。そこに達成感がある。頭がいい悪いはあまり問われない。要領がいい悪いもあまり問われない。だから、どのレベルの子供にもいい教材である。教師不要。近くの大人が、公文式を続けることさえ指導すればいい。それだけで下手な授業よりも効果はあるのではないかと思う。問題点は、余計なことをモヤモヤ考えることがない、他人の考え方にふれることもない、正解のない問いに対して最適解を出すような内容の教材ではないの3点。よって、21世紀型学習、正解のない問いへの対応はこれだけではできない。人工知能が進化したら、人間にとってあまり意味がない勉強システムになるのではないか」

たしかに、公文式によって鍛えられる速くて正確な演算能力も、嫌なことでもコツコツ続ける精神力も、人工知能にはかなわない。

また、政府が力を入れる「女性の活躍」も公文式への逆風となる恐れがある。

公文式は、高学歴の専業主婦を指導者に採用するビジネスモデルであり、専業主婦の母親がそばについて見守ることを前提として作られた教材だ。しかし現在は専業主婦家庭よりも共働き家庭のほうが多い。女性の職業の選択肢も増えた。優秀な指導者が集まりにくくなるだけでなく、親の関与度合いが減ることで、公文式の効果が薄れる可能性もある。

第１章の冒頭に登場した２人の母親も専業主婦だった。それでも公文式を続けることに対する負担感を力説していた。それだけ親の関与が求められる教材でもあるのだ。

大学入試改革、人工知能、専業主婦の減少……。これらは公文式が今後立ち向かわなければいけない大きな課題だろう。

第4章

速く進む子と続かない子の差は何か？

学習習慣を身に付け学力の貯金をするのが目的

佐藤和美さん（仮名）は2人の息子を公文式に通わせている。「公文式学習は、学習内容そのものだけでなく、泥臭く地味で孤独なことを乗り越える経験、そしてできる喜びや楽しさを味わう経験ができる家庭学習です。鍛錬《たんれん》の要素も強い学習法ですが、そういう経験はとても大切で、子供の財産になると思っています」と言う。

公文式に通わせようと思ったきっかけは、夫がやっていたから。集中力や粘《ねば》り強さが身に付いたし、学力の貯金ができたことで中高が楽になったという経験があったから。

現在中1の長男は小1から算数と国語を、小2から英語を始め、小6まで続けた。いずれも高1相当の教材の途中まで進んだ。

中1になるタイミングで父親の転勤で引っ越しとなったこと、小学生の間に中学教材を修了するという目標は達成できたこと、高校受験に向けて進学塾で学ばせてみようと思ったなど、さまざまな理由から一度退会し、現在はZ会教室に通っている。現在部活とZ会の両立で苦戦中ではあるが、落ち着いたらまた公文式を再開させたいと考えている。英語の長文を継続的に読むことで読解力を付けたい、高校数学教材は修了しておきたい、さまざまな国語の文章に触れさせておきたいといった理由だ。

現在小４の次男は年長から算数と国語を、小１から英語を始めた。引っ越ししたために、数学と英語は中２レベルで、国語は小５レベルの途中で中断中。長男と同じくそのうち再開予定。長男の経験も踏《ふ》まえ、より早く、高くを目指して少なくとも小学生のうちはやっていくつもり。

公文式に対しては全幅《ぜんぷく》の信頼を寄せる。ただし、これまで複数の教室に通った経験から、指導者の考え方や進め方による格差のようなものがあるのは事実とも言う。

公文式に通わせるのなら明確に目的をもったほうがいいとアドバイスする。たとえば佐藤さんの場合は、学力の貯金や学習習慣を身に付けることが目的だった。授業スピードの速い中高でも勉強だけに振り回されず、部活や遊びなどを思い切り楽しめるような充実した学生生活を送ってもらいたかったからだ。

実際、長男の場合、公文式の進度がものすごく進んだわけでも、すごく頭が良いというわけでもないが、中学校の定期テストで、英語や数学は授業と直前の見直しくらいで対応できているという。その分、理科や社会の暗記などに時間を費《つい》やせる。

長く続けるコツについては「すぐに結果を求めず、ある程度の期間は継続してみることが大切です。子供がどんな内容を学習しているのか詳しい内容まで知らなくてもいいが、関心をもつことが大切。最近は共働きで時間がなく、先生にお任せとなってしまうケースがあるのは仕方ないですが、親が関心をもつだけで子供の進度や意欲に多少なりとも差は出ると思います。子供は未知の内容を日々頑張って学習しているので、『すごいよ、偉いよ！』という気持ちだけでも伝えてあげられたら違うのではないでしょうか。家庭内のルールを作れるかどうかがいちばん大事。毎日決められた時間にやるとか、プリントを整理するルールとか、決まった場所でやるとか。私は結局、自分自身が我が子にこれらをできなかったので人にも強く言えませんが」と言う。

ただし、次のように警告もする。

「裏返せば、子供の状態を把握《はあく》していないと、勉強がただつらいだけのものに陥《おちい》ってしまう可能性もあると思います。保護者だけでは把握できないことも多いので、指導者とのコミュニケーションを大切にすることで、回避できると思います」

中学受験に活用、スポーツとの両立にも活用

越前真智子さん（仮名）は2人の息子を公文式で学ばせた。

長男に関しては小学校の授業では物足りないと感じていたため。先取り学習を目的としていた。実際小1から小3の2年半で、中学修了程度まで進んだ。その後はほぼ自宅学習だけにして、小6の夏から日曜日だけ中学受験塾に通い、見事男子御三家に合格した。

一方次男は小5で公文式を始めた。長男とはタイプが違うため中学受験はしないと決め、高校受験を見据えて始めた。しかし1年経たないうちに算数・数学についてはは中学修了程度まで進んだ。英語に関しては小6の夏に始めて3カ月ほどで中1レベルを修了した。公文式に取り組みながらサッカーで全国レベルの活躍をしている。

2人の息子にそれぞれ合ったスタイルで公文式を活用したのだ。

子供に公文式をやらせるうえで親として気を付けていることを聞いた。

「どのような教材を学んでいるのかを知り、どの程度楽にできているのか、壁にぶつかっているのかを把握するようにしています。毎日決まった枚数をやらせようとはせず、本人の判断で数日分まとめてやることを許容し、干渉しすぎないようにしています。どこの教材まで頑張るのか、いっしょに目標を立て、そこに達したらその教科は一旦《いったん》終了させています。休んだり再開したり、自由にできることも公文式の魅力だと思っています」

公文式の理念や長所短所を把握したうえで、公文式に子供をはめ込むのではなく、子供にちょうどいい形で公文式を活用する発想をもつことが、親には求められるようだ。

公文式の弱点については次のように指摘する。

「あえて言えば、同じレベルの教材を異なる年齢の子が取り組むことがわかっているのに、1種類の教材しか存在しないことかもしれません。運筆能力の低い低年齢の子が先取りをする場合、解答欄の空白が狭すぎてやる気をなくしてしまいます。長男が小1でD教材（小4レベル・割り算の筆算）に取り組んでいたとき、書くスペースが小さすぎてうまくいかず、定規で線を引くなど、なんとか解けるように工夫するために大変でした」

ひらがなを見るのも嫌いになってしまう子も

ただし、誰もが公文式を使いこなせるわけではない。

山本静香さん（仮名）は年長の息子を公文式に通わせてまだ半年。戸惑いも多い。

「宿題を促《うなが》さなければいけないことは想定外でした。勝手にやってくれると信じてました。毎日『公文をやりなさい！』と言わなければいけないのは正直しんどいです」

と、ついため息が出る。「いつでもやめていいよ」と言ってはみるが、そこは息子も「やめない」と言う。

母親の役割は宿題の時間を計るだけ。間違いを見つけてもあえて指摘はしないが、子供が何をしているのかは把握するようにしている。

「今、九九をやっていますが、反復がかなり多いですね。必要なことなのだと思いますが、飽きそうです」

公文式をやらせて良かったと思うか。

「今のところ、嬉々《きき》としてやっているわけではなく、何か結果が出ているわけでもないので、公文式をやらせて良かったのかどうかはまだわかりません。『2学年先』の賞状をもらったときは一応喜んでいました」

どの家庭でも似たような状況を経験するはずだと、ある公文式関係者は言う。

最初の1年くらいはなんとかなるのだそうだ。しかし教材のレベルが上がり、問題が難しくなってくると、子供のモチベーションが下がってくる。宿題をためてしまうことが増えてくる。そこで「やらないなら、やめてしまいなさい！」「いやだ！」というやりとりがくり返される。1度や2度ではない。公文式をやっている限り、たびたび生じるのがむしろ普通なのだそうだ。

大川恵さん（仮名）の息子は半年で公文式を諦めた。

「ひらがながまったく読めない状態で国語から始めました。4回の体験を経たうえでの入会です。体験授業では新しいことにチャレンジするのが楽しそうでした。自宅でも、宿題はちゃんとやりました。これなら行けそうだと思い、満を持して入会したのですが、入会後から失速……」

どうしたらひらがなが読めるようになるのか、宿題をやるようになるのか、毎回のように先生に相談したが、結局うまくいかなかった。

「まわりには、すいすいひらがなを読める子がいたりして、私自身、焦《あせ》りもあったと思います。ひらがなが読めない3歳児に母親がキレるという本末転倒《ほんまつてんとう》な事態にまで発展し、これでは親子ともどもいい影響はないと判断しました。まさに苦悶の日々でした」

ひらがなのプリントは、表に単語＋絵があり、絵を見ながらそのひらがなを読んでいくというスタイルだが、息子は絵を読むだけでひらがなを読んでいるわけではなかった。

先生は「いずれ読めるようになりますよ」と言うので、親としても無理に読ませなくてもいいというスタンスで、なだめながらやってみたものの、とうとうプリントを見るのも嫌いになってしまった。ひらがな自体も嫌いになってしまい、これ以上続けると机に向かって何かすることさえ嫌になってしまうと考え、一旦、休会することにした。

ときどき家でひらがなの本や表を見せたりするが、今はあまり興味を示さない。

「いちばんの想定外は、ひらがなが嫌いになるということでした。公文式に行けば、ひらがなが読めて、いずれ本も読めるようになるはずという甘い期待があったのですが、真逆の結果になってしまったことが今でもショックです。この延々と続くプリントについていける子が『強い』のだと思います。公文式と相性の合う子にとっては最強かもしれませんが、合わない子にいかに興味を抱かせるかという点は弱いのかもしれません。しかし、そもそも合わない子には、合わない子のやり方があるのではないかとも思います」

進むかどうかは子供の能力、続くかどうかは保護者の姿勢

どんどん先に進んでいく子供と、短い期間でやめてしまう子供の違いは何か。第2章の最後で公文式の内幕を語ってくれた元指導者・古田綾乃さん（仮名）にも聞いてみた。

「速く進むという点は、子供のもともとの能力や性格への依存《いぞん》度が高く、やめてしまうかどうかという点は、家庭力・保護者の考え方が大きいように感じます」というのが端的な回答だ。しかしその胸の内は複雑だ。

「実はこの部分は、私自身、はっきり答えをもっていないし、いつも悩んでいることでもありました。実際自分が指導した中で、短期間でグングン進んだ子、たとえば小学校中学年で入会してあっという間に高校教材に進んだ子は、入会当初から能力が高いお子さんでした。もとからの能力が普通よりちょっと上位くらいのお子さんは、グングンとはいかなくてもまずまず伸びます。小学生で中学校教材をスラスラ解けるくらいにはなっていきます。普通以下のお子さんでも、コツコツ続ければ確実に力が付いて賢《かしこ》くなっていきますが、〝すごく速く進む〟かどうかは、やはりもとからの能力に依存する部分が大きかったです。私の指導力がまだまだだったからなのか、あれが限界だったのか……わかりません。そう考えると、もとから能力の高いお子さんは公文式以外の塾や学習法でも伸びるんでしょうね。ただし公文式なら、できる子は学年を越えてどこまででも進めていけるので、そういう子にはやりがいのある、得をする学習法であると言えると思います」

すぐにやめてしまう生徒がいることについては次のように説明する。

「公文式に限ったことではなく、スポーツや他の習い事でも、始めたころは楽しいことが多いかもしれませんが、次第につらいことや大変なことは必ず出てくると思います。そのとき、継続するかどうかを決めるのは親です。『うちは子供に決めさせています』などというのは子供の意見を尊重していて良いことのようですが、本当にやらなければならないことは、多くの場合、子供に決めさせてはいけないと思います。ですから親自身が『なぜうちは公文式をやっているのか』『公文式でどんな力を付けたいか』ということを明確にもち、多少つらい時期があっても応援して乗り切らせなければならないのではないでしょうか。その子に、そのご家庭に、公文式が必要なら、ですが」

また別のある指導者の意見も近い。

「公文式が合う合わないというよりも、保護者がどのような目的で公文式の教室に子供を通わせているかによるのではないかと感じます。長く続けている子の保護者は、

『公文式の宿題をやってから遊ぶ』といったルールを決めていたり、子供とどこまで進むかの目標を共有していたりと、上手に関わっていらっしゃる方が多いです。すぐやめてしまう子は、保護者が公文式に疑問をもっている場合が多いのではないでしょうか」

子供を公文式に通わせるうえで保護者に気を付けてほしいこととしては次のように言う。

「公文式は教室２日、家庭学習５日ですので、家庭学習のあり方が進度に大きく影響します。教室でも励ましたり褒めたりしていますが、保護者が子供の学習内容に関心をもちいっしょに学んでいくような気持ちがあると、子供も楽しく学習でき、伸びるように思います。公文式に入れたら計算ができるようになるはずだとほったらかしにしていると、成果は上がりにくいです」

公文式は「お任せプラン」ではない。親の関与度の高いプログラムなのだ。

とはいえ、公文式学習法を知り尽くしているはずの公文教育研究会の社員の中にも、「わが子が公文式になじめない……」と漏《も》らす声は少なくないと聞く。親の理解度、関与度だけではうまくいく子といかない子の違いを説明しきれない。

神童の中にも公文式が合わない子供はいる

田崎陸斗さん（仮名）には小学生のころから「まわりの小学生に比べて自分は段違いに賢い」自覚があった。塾などには通ったことがなかったが、教科書に書かれていることはあっという間に理解できてしまう。テストではいつでもほぼ満点。成績も、実技系以外は常にオール5に近い状態だった。

一方で、非常に落ち着きのない子供だった。算数の文章題は得意だが、逆に単純な計算問題を間違うことがよくあった。いわゆるケアレスミスが非常に多かったのだ。頭の回転が速すぎたのかもしれない。そこで弱点補強のために、公文式に通うことにした。本人の希望だった。

公文式に通い始めて、思いもよらないことが起こった。何度やってもケアレスミスをしてしまうので、「満点」がなかなか取れず、非常に簡単なレベルの教材で足踏みしたまま、一向に前に進めなかったのだ。しまいには指導者からあきれられてしまった。子供心に「この人はボクのことをバカにしている」ということがわかってしまった。屈辱《くつじょく》だった。

学校の成績がずば抜けて良いことを説明しても、「あなたは愛想《あいそ》がいいからいい成績をもらっているだけでしょ」と返されて信じてもらえなかった。小学校では神童を自覚し、先生のことすらバカにしていた。先生受けがいいわけがなかった。

結局田崎さんは1年ほどで公文式を見切った。

「公文式は自分にはまったく合わなかった。そういう子供も多いのではないでしょうか。自分が公文式に通って良かった点をあえて挙げるなら、鼻っ柱を折られるような経験をしたことではないでしょうか。そうでなければもっと天狗《てんぐ》になっていたかもしれない（笑）」

コツコツ努力のできる子、特に女の子には合っている学習法ではないかと田崎さんは分析している。でも、公文式に通っていて低学年のうちはずば抜けて成績が良かった友達が、年齢が上がるにつれてだんだんと成績が落ちていったのを何例も見たと証言する。

「自分は難しい問題を解いたり、難しい理屈を理解したりするのが楽しいタイプ。だから年齢が上がるに従って勉強はどんどん楽しくなった。公文式をやっている友達も、公文式を楽しんでやっている様子だったが、彼らはどんどん前に進めることや人よりも先に進んでいること自体を楽しんでいるようだった。勉強そのものを楽しんでいるようには見えなかった。だから年齢が上がっていくと伸びが止まってしまうのではないか」

田崎さんの成績は中学生になってもずば抜けて良かった。定期試験の前には「予想問題」とその解答を作って友達に配るほどに余裕があった。よく当たると評判になった。古文や漢文も、文法を知らなくても初見でいきなり読めた。幼少期から読書量が多かったからではないかと本人は考えている。

中学生の段階で京都大学に行くと決め、京都の超有名私立進学校に進んだ。予定通り京都大学に進学した。

田崎さんは、公文式のような訓練式の学習法では東大や京大に合格できるようなレベルの学力には到達できないのではないかとみている。

一方で、低学年のうちに計算が得意になることにはやはり魅力を感じる。最近田崎さんは3歳の息子を公文式教室に通わせてみた。

しかし息子もすぐに公文式を嫌だと言い出した。先生は「半年もすれば落ち着きますよ」と言ってくれたが、半年経っても息子の様子に変化はなかった。結局半年で公文式をやめさせた。血は争えないというわけだ。

田崎さんは自分で息子に勉強を教えることにした。インターネットの中古品販売サイトで、使用済みの公文式教材を格安で購入し、それをアレンジしてパソコンで打ち直し、子供にやらせている。

公文式の教材が嫌いなのではなく、親子して、公文式の指導者との相性が良くないようである。「一を聞いて十を知る」タイプあるいは「一を聞いて、すぐに二には行かずに、一について自分なりに考えたい」タイプの子供には、我流《がりゅう》を許さない公文式の指導者が邪魔な存在に思えるのかもしれない。

名門校の生徒は早めに公文式をやめている!?

東大合格者ランキング上位の常連である某名門校の数学教師・亀谷信二さん（仮名）は、「うちの学校にも公文式をやっていた生徒はそれなりにいるようです。ただしほぼ共通しているのは、早めに始めて早めにやめていることです」と証言する。それが公文式の利点と弱点をすべて表現していると言う。

亀谷さんは日本屈指の名門校で数学を教えているだけでなく、休みのたびに、学習に困難を抱える子供たちを支援する奉仕活動にも積極的に参加している。日本のトップレベルの学力を誇る子供たちから、学校にも通えない世界の貧民街の子供たちまでに、学びの楽しさを伝える伝道師のような活動をしている。

以下は、そんな視点から見た公文式評である。前述の「一を聞いて十を知る」タイプの田崎さんがなぜ公文式に合わなかったのかが、これでわかるはずだ。

教材作りに関しては「ステップ幅」という概念を踏まえておかなければならないという話から亀谷さんは説明を始めた。

人は何か新しいことを学ぶとき、すでに学んで自分のものになっている手持ちのものを使って、その新しいことを理解しようとします。でも実際にはそれをうまくやれる子とうまくやれない子がいます。すでに学んだことをどれだけ抽象的なレベルにまで落とし込んで理解しているかがその違いです。

「一を聞いて十を知る力」のある子はこの抽象的理解が優れている子です。

こういう子は、初めて遭遇《そうぐう》した場面でも、すでにある手持ちのものとの抽象的な共通点をその中に見出すことができます。そして難なくその壁を突破します。でも、学んだことをすべて別々の具体として理解している子にはそれはできません。

「一を聞いて十を知る力」のある子であればあるほど、教材のステップが雑なほうがいい。その間を埋《う》めて行く作業こそ試行錯誤であり、学びの躍動感《やくどう》であり、学びの本質なのです。

一方で、自分の力に対してそのステップの幅が大きすぎると、埋解は間に合わせになり、消化不良を起こします。そして一口間に合わせでその場をしのいでしまうと、その後の学びはその子にとってはことごとく別々の具体となってしまい、関連性の見えない膨大なものを授業ごとに浴《あ》びせかけられることとなります。与えられたものを片《かた》っ端《ぱし》から暗記するしかなくなり、学びの躍動感が失われていきます。

さて、公文式の教材の特徴は、このステップがとても細かいこと。教科書ではステップ幅に無理があった子や力のない子でも、無理なく学び進めていくことができ、それを続けていけば自分でも気付かぬうちに前までできなかったことができるようになります。「自分はやればできる」という大きな自信にもつながります。

この自信が学びにとってどれだけ大きなことかは言うまでもないでしょう。公文式によって救われた子は世界中にたくさんいると思うし、世界中に広まったのも納得がいきます。そして「先取り」という形で、頑張れば頑張るほどランクが上がって行くので、子供にとってこの「承認」はかなり強烈な学びのモチベーションになります。

ただし問題もあります。「一を聞いて十を知る力」が身に付いていなくても、小学校くらいまでなら満点を取れるようになってしまうことです。学校のクラスでは、公文式で先取りしている分、みんなより簡単に解けてしまいます。満点を取れてしまう。でも、実際には、一度やったことを再現できるようになっただけ。この、簡単に満点を取れてしまうという成功体験が、中学校以降はとても厄介《やっかい》なものになる。勉強の難易度が上がり、満点を取ることを前提にできなくなり始めても、この強烈な成功体験があるせいで、再現できるようにする、解き方を覚える、という勉強方法を変えることができなくなるからです。

細かいステップの教材が要求するものは、今までの手持ちとはちょっとだけ形が違ったものを使って解く力であって、ほとんど再現する力の強化にしかなっていません。小学校までは真面目ささえあれば、なんとかなります。点数に表れるのは再現する力止まりだからです。でも中学校や高校での学びはそれでは続きません。

中学校までは数学の点数が良かったのに、高校になった途端《とたん》できなくなるのは、多くの場合、こういうメカニズムです。高校でできなくなったわけではなく、その前に、とても根深い原因があるのです。

できる子が公文式を早々にやめるのはよくわかります。「一を聞いて十を知る力」のある子は、公文式ではすぐに飽き足らなくなるはずだからです。自信をもつまでは面白いでしょうが、だんだん退屈になり、もっとステップ幅の広い難しい問題を解きたいという欲求が湧いてくるのは自然なことです。

「一を聞いて十を知る力」を付けるには、単純に、到底超えられそうにない壁、つまりステップ幅の広い課題を手持ちで解決できちゃったという強烈な体験が必要です。それが学びの本質であり、躍動感となるのです。

力のある子は、ほっておいても自分から高い壁を見つけ、自分から学び、勝手に伸びていきます。教育現場で避けてはいけないのは、力のない子にいかにして「一を聞いて十を知る力」を付けてやるか、だと思っています。ステップ幅の細かい教材は彼らには必要。でもそれだけでは本当の自信を付けてやることはできないのです。

亀谷さんの仮説で、公文式についてのいろいろなことが説明できる。

まさに「一を聞いて十を知る」タイプの子供だった田崎さんには、公文式のステップ幅は細かすぎたのだ。また、公文国際学園に集まった公文式の進度上位者たちが中高の6年間で公文式へのモチベーションを下げていってしまったことも、これで理解できる。公文式で「やればできる」という自信を身に付けた後は、もっとステップ幅の広い教材へのシフトチェンジが必要だったのだ。

第1章で紹介した内藤恵子さんは、公文式の紹介を受けて私立中高一貫校に進学した。そこで「公文式から身に付けるべきものはすでに身に付けた」と考え、公文式をやめた。その後、躍動感をもって学習に取り組み続けることができた。公文式からの「卒業《そつぎょう》」のタイミングが正しかったのだ。

公文式の算数・数学は劇薬のような勉強法

公文式の創始者が中学受験勉強の算数に対しては否定的な考えをもっていたこともあり、中学受験業界の中には「アンチ公文式」を唱《とな》える人たちも少なくない。

中学受験塾・日能研で教えていた元塾講師の松崎一優《まつざきかずひろ》さんは、公文式の算数・数学を「劇薬のような勉強法」と評する。そして次のようなエピソードを教えてくれた。

公文式の勉強法は「訓練」に近く、非常に正確な計算力と反復にも対応できる忍耐力を生み出す点で、高い信頼性を置くことができます。反面、子供が電子計算機になってしまわないように、その劇薬のような勉強法をうまくコントロールすることが不可欠です。

日能研でつるかめ算を教えていた私は、計算も速くて正確な一人の生徒が放った言葉を今も思い出します。

「僕は公文式で方程式もやってるので……」

つるかめ算とは、鶴と亀がそれぞれ何匹ずついるかわからない中で、足の本数の合計だけがわかっている……というツッコミどころの多い状況を仮定した計算方法です。その際に、仮に全員が亀あるいは鶴だったと仮定して、実際の足の本数との差はなぜ生まれるのか考えてみようというところから、授業は始まります。亀だと思っていたものが実は鶴だったとき、想定していた足の本数からいくつ少なくなるかという「置き換え」が、この単元で学ぶべき気付きに他なりません。

方程式はときとして、そうしたストーリーをすべてすっ飛ばして、手順化してしまいます。

「あ、これは方程式を使えば解ける問題だ。これは違う」という選別→計算という効率主義が前面に出てくると、考え方の道筋を自分でたどっていないので、勉強が限りなく暗記に近くなります。

私は暗記を否定しないし、むしろ重要な能力だと考えていますが、こと算数においては、条件反射的な解法が通用する問題が多く出題される学校は、学習意欲の高い子供たちが受験するとは言えない学校です。

私立の難関校以上の学校の入試問題は、大問の1で計算問題など出題しない学校がざらにありますし、ほかの大問も「これ、なに算ですか？」と聞かれて即答できるものは多くありません。ほとんどの場合、教科書通りの定番の形式では出題されず、あらゆる特殊算が複合的に絡《から》み合っています。それらを冷静にほぐして読解していくことが求められているのです。

もしも公文式を中学受験に取り入れたいと考える人は、最終的な着地点を決めて、そのどこまでを公文式に担ってもらうかを考えるべきでしょう。スピーディかつ正確な計算力は魅力的ですが、受験算数という教科の奥深さを考えるとき、公文式を極めることが中学受験にとって即座に役に立つとは思えません。

中学受験に公文式を活かすつもりなら、公文式の強みだけでなく、その弱点も知っておかなければいけないということだ。

中学受験塾サピックスの現役講師・渋谷浩太さん（仮名）は、最近あることに気付いたと言う。

「公文式をやっていて、算数の学習が空回《からまわ》りせずにうまくいっている生徒の保護者は、公文式をやっていたことを積極的には話さない傾向があるんです」

そして「憶測《おくそく》に過ぎないが」と断って、次のような仮説を唱える。

「たとえば、『できるだけ早く解答し、見直しなどしない』というのが公文式出身者に共通する欠点。ミスは先生に指摘してもらうものと思い込んでいるからです。でも公文式の欠点に早めに気付き、公文式のやり方から中学受験勉強のやり方にうまく乗り換えることができた子のご家庭は、公文式の弱点に気付いているがゆえ、公文式をやっていたことを積極的には言おうとしない。一方で、公文式での成功体験にとらわれているご家庭は、公文式出身であることを公言しつつ、中学受験勉強のスタイルになかなか移行できず、空回りする。だから結果的に、公文式出身者の粗《あら》が日立つのではないでしょうか」

「アンチ公文式」は極端だとしても、中学受験塾講師からすれば、「公文式は頼りすぎてはいけないもの」という見解が一致している。

3学年以上先に進んでいないと意味がない

関西の大手中学受験塾の講師・清水裕策さん（仮名）は、公文式を、「学習の習慣化と計算力の定着に大きな効果を発揮《はっき》するメソッド。理念に基づいたシンプルな教育メソッドだからこそ世界に広まっている」と評価する一方で、その弊害《へいがい》を次のように表す。

「公文式での学習が悪い影響になっている生徒も残念ながらいます。代表的な例としては2つ挙げられます。1つは、解答の○×だけに関心が集中してしまうことです。これは公文式の本筋ではありませんが、そういう習慣が身に付いてしまう生徒は現実にいます。もう1つは、途中経過に興味を示さなくなることです。どこで間違ったのかを考えるよりも次の問題に手を付けるという学習スタイルになってしまうことがあります」

中学受験に役立つかどうかについては、次のように語る。

「低学年のうちに1日数十分でも学習する習慣を付けることは、学年が上がったときの受験勉強の土台になります。また計算力は大きな武器になります。一方で、中学受験問題には、公文式だけでは対応できないこともあります。公文式で順調に先取り学習が進んでいると、算数は得意になっていると思いがちです。が、計算力はあくまでも武器です。それを使いこなす思考力も養ってほしいと思います。公文式をうまく利用できた子供の中には、計算力を武器に、難問に取り組むことを楽しむようになる子供もいます」

千葉県の進学塾ミライズ代表の近藤《こんどう》息吹《いぶき》さんの意見はこうだ。

「公文式は考える力を養わないなどの批判もあるが、考える以前に計算力がないと、そもそも思考の起点にすらたどり着きません。ただし、難しい計算ができる割に思考力が未熟《みじゅく》な場合、子供によっては解けない問題をすぐに投げ出してしまうことがあります。大人の目にはそれが意外に映《うつ》る。その光景があまりにも印象的だから、公文式の負のイメージが固定されてしまっているのではないでしょうか」

学校の宿題や計算ドリルなどの反復量が減っているため、今、子供たちの計算力はかなり貧弱になっている。そんな中、公文式で培われる計算力は魅力だとも言う。

「公文式を万能の教材として見るのではなく、基礎を固めるものとして早いうちから取り組むことによるメリットは大きいと思います。中学受験勉強の序盤で、倍数・公倍数や分数計算の単元をそれぞれ1週間で終わらせてしまうため、予備学習のない子には十分な習熟を図《はか》る時間がありません。そのまま次の単元に進むため、算数に苦手意識をもってしまう生徒もいます。その点、公文式に通っている子はそのようなことがないので、特に序盤において有利です。盤石《ばんじゃく》な計算力の上に上物《うわもの》として思考力を積み上げればいい」

ただしここには注意が必要だ。中学受験勉強の序盤とは、小4のこと。中学受験塾ではこの時期に分数計算を一通り終えてしまう。一方公文式で分数計算を終えるのは小6相当のF教材である。つまり、小3の終わりまでにF教材を終えていないと、中学受験勉強でのメリットも少ないということになる。

高校レベルにまで到達している子供たちはいいが、下手に方程式をかじった状態で公文式をやめて中学受験塾に入ると混乱するという話も聞いたことがある。これについては公文式関係者の非公式な見解を得た。

「たしかに方程式がしっかり身に付いていない状態でつるかめ算や和差算をやってし

まうと混乱するということはあるでしょう。因数分解くらいのところまで進んでおくと思考のレベルも上がるので、そのような混乱は避けられるはずです」

因数分解が出てくるのはI教材。中3相当のレベルまでやっておかなければいけないことになる。公文式に通っている子供たちがみんなそこまで進むわけではない。なかなか高い目標だ。

中学受験・高校受験の大手塾に勤務し、現在は教務部門を取り仕切る立場にあるベテラン塾講師・富山隆さん（仮名）は、公文式についての注意点を以下の4つにまとめる。

1つ目は、教室の指導者の質に結果が左右されること。

2つ目は、親の支援が不可欠であること。

「毎日コツコツ課題をこなすのを管理するのはもちろん、抜け・漏れ・ズルや、正答率と進度の関連性のチェックは必要です。できたつもりの演出で先に進むことはできますが、それで中途半端な自信をもつと、やったことのない範囲・教科の学習に問題を起こすことがあります」

3つ目は、開始時期について。

「自信をもたせるためのツールとしては優良ですが、自信をなくした状態から立ち直らせるには指導者・保護者いずれの負担も大きくなります。『できるところまで遡って学習開始』というのは学習上最適な選択ではありますが、プライドが形成されている年齢や教科では難しい状態になる場合があります。国語については学年を意識する必要はあまりありませんが、算数・数学や英語については学校での学習に先駆けて進むことが理想です。英語については、幼児期スタートが理想的ですが、小学校の外国語活動以前に始まっていればいいでしょう」

4つ目は、「公文式をやっていた」と言うからには、自分の学年よりも最低3年は上位の進度を達成していることが必要だということ。この意味はすでに説明した通りだ。

「それ以下の進度の場合は『触れていた』だけとみなすべき」

さらにこう付け加える。

「算数・数学では、自信過剰《かじょう》になることがあります。途中経過や記述の仕方へのこだわりが薄くなることや、本質理解よりも手順記憶が重視されるために、授業を理解する姿勢に欠ける場合があります。中学受験をクリアしたとしても、中学校の証明問題や高校での記述問題でうまく指導されないと、計算力と得点力が乖離《かいり》していくことになりかねません」

以上を踏まえ、日本で小中高大と進学する現在の標準的な進学進路を歩むうえでは、次のような学習スタイルが望ましいのではないかと提案する。

「幼児期に算数・数学を開始し、教室に慣れてきた段階で国語をスタート。小学校中学年段階で最低でも中学校レベルが修了していることを目指し、その後は公文式での学習は英語のみに切り替え、算国理社は進学塾に任せる。なお、英語については、幼児期に英会話教室で会話中心の体験をしておくことで、公文式での学習への素地《そじ》を作っておくのもいいでしょう」

第5章

つるかめ算は本当に不要なのか？

「黒表紙教科書」と公文式の共通点

1935年、全国の小学校で新しい算数の国定教科書が採用された。それまでの「黒表紙」と区別して「緑表紙」と呼ばれる『尋常小學算術』だ。

算数と日常生活を結びつけながら理解できるように工夫されているのが特徴。小1の上巻はほとんど絵本のようである。数と生活、そして言葉を結びつけることに徹底的に時間を割く。当時世界でも高い評価を得たし、今見ても発見の多い名著だとされている。

『近代日本の教科書のあゆみ―明治期から現代まで』（滋賀大学附属図書館編、サンライズ出版刊）によれば、「黒表紙教科書では、数に関しては計算、図形に関しては求積が中心になっていたが、緑表紙教科書では、歩合、連比、比例配分、度量衡、貨幣、目測、実測、場合の数、確率の考え、統計的処理、ダイヤグラム、作問、関数の考え、極限の観念の萌芽《ほうが》などがある」とのこと。

同書には黒表紙と緑表紙の比較表が掲載されている。黒表紙の思想を「算術に理論はない」「計算技術と数量の知識の伝授」「思考陶冶《とうや》」「計算、知識の訓練と注入」としているのに対し、緑表紙の思想を「算術にも数理がある」「数理的思想の涵養《かんよう》」「数理的思想の開発」「自発的活動の助長」としている。

緑表紙が数の概念を実体験的にとらえようとしているのに対し、黒表紙は数字から量の概念を排除した「数え主義」の立場をとっている。数字を数列の一部として概念的にとらえる考え方である。「１より１多いのが２」なのではなく、「１の次は２」ということだ。この考え方に立つと、たとえば分数が説明できない。そのため、「数え主義」の立場をとる数学者の中には「分数は数字ではない」と定義する者もあった。

もうおわかりだろう。公文式が黒表紙の思想を踏襲しているのは明らかだ。公文式の創始者・公文公はまさに黒表紙で算数を学んだ世代。彼が大学を卒業する前年に緑表紙が採用された。

無味無臭な算数から生活感のある算数へという世界的気運に逆行し、算数から論理を漂白《ひょうはく》し、「計算、知識の訓練と注入」に特化して設計されたものが公文式だと言える。面白いかどうかなどは度外視で、「計算技術と数量の知識の伝授」を目的としたのだ。

公文式と黒表紙の思想の類似を私に教えてくれたのは、幼児・低学年向け基礎学習教材の開発・販売を行なうエジソンクラブの代表・新村一臣《にいむらかずおみ》さんだ。新村さんは幼児教室や小学校低学年向け学習塾のオーナーを対象にしたセミナーで、参加者に「基礎と基本の違いがわかりますか?」と問いかける。

答えはスポーツにたとえるとわかりやすい。「基礎」は体力や柔軟《じゅうなん》性に当たる。どんなスポーツにも必要になる共通要素だ。一方「基本」は型のようなもの。野球には野球のバットの振り方があり、テニスにはテニスのラケットの振り方がある。種目によって違う。いくらテニスの素振りをくり返しても、野球の球を打つことに関してはほとんど役に立たない。

新村さんに言わせれば、「公文式は基礎をやらずに基本をやらせる学習法」となる。たとえば小学校受験で小学校が見ているのは「基礎」のほう。お受験塾でも基礎を育てるからその後のさまざまな学びの土台になる。しかし「基本」はいくらやってもその種目でしか通用しない。それが公文式の最大の弱点だと新村さんは指摘する。

そして「幼児教室・低学年向け学習塾の集客のためには、公文式との違いをはっきりと説明できないといけない」とセミナー参加者に訴える。

もし子供を公文式に導入するのなら、まずしっかり基礎を育てる必要があると新村さんは警告する。しかしこれは公文公自身が指摘していたことと矛盾しない。公文公も、幼児期のうちにたくさんの歌を聞かせ、読み聞かせをし、言葉の力を鍛えておくことを強く推奨していたのである。これがまさしく「基礎」になる。それによって、公文式を始めた後の伸びが違うというのだ。

その上に「計算」という種目において公文式を採用するのなら、問題は起こらない。しかしそれによって身に付いた計算力を活用するための思考力は、また別途養成しなければいけない。第4章の塾講師たちの意見と、新村さんの意見をまとめれば、つまりそういうことだ。

そもそも公文式は「公文式だけで完璧」などとは一言も言っていない。計算力という武器を持つことで、さまざまな可能性が拓《ひら》けることを主張しているだけである。よって、塾講師や新村さんの意見と公文式のスタンスは、やはり矛盾しない。

学研教室と公文式は似て非なるもの

アンチテーゼが多いのも、圧倒的ナンバーワンの宿命であろう。公文式とよく比較されるのは学研教室だ。公文式と学研教室の違いについて、学研教室の指導者・川上聡子さん（仮名）に聞いた。

公立中学の教師、中学受験塾の講師などを経験した後、出産。子育てをしながらマイペースでできる仕事を探す中で、学研教室に行き着いた。別の選択肢としては公文式も検討した。しくみとして、2つは非常に似ているからだ。

どちらも本部からのれんと教材と指導ノウハウを提供してもらうフランチャイズ形式である。売上の一部を本部に上納するのも同じ。自宅の1室や貸会場でも開業できる。子供たちが週2回、好きな時間に教室にやってきて、自分のファイルを受け取り、その場でプリント教材をやる自学自習のスタイルも同じ。100点満点を取るまでやり直すのも、宿題が日数分出されるのも、学年に関係なく進むのも同じ。

しくみ上の違いといえば、基本的に学研教室の場合、小学生は算数と国語の2教科がセット受講になっていて、英語と理科・社会と読書活用がオプションであることくらい。対象学年は年少から中学生まで。幼児から小学生は、算数と国語の2教科を合わせて月謝は8000円プラス消費税。オプションはすべて4000円プラス消費税。公文式の3分の2と安い。

川上さんが学研教室を選んだ理由は、学研教室のほうがのんびりできそうだったから。逆に、公文式は、大規模にやっていかないと利益が出にくいしくみで、「なるべく大きくやってほしい」という本部側の意図を強く感じたという。似たような理由で、公文式をやめて学研教室の指導者に鞍替えした指導者を何人も知っていると川上さんは証言する。

学研教室は1980年に算数・数学、国語の2教科体制でスタートした。ちょうど公文式の生徒数が100万人を突破しようというころ。公文式を意識していなかったはずはない。表面的なしくみは公文式に酷似している。

ただし、教材の設計理念に大きな違いが見られる。一言で言えば、学校準拠《じゅんきょ》か否かである。

「学校についていくのすら難しい子は公文式では厳しいでしょう。でも学研教室では教えてあげられます。それがいちばんの違いです」と川上さんは言う。２つの意味がある。

１つは、学研教室は学習指導要領に準拠しているため、学校の学習カリキュラムに沿って進められるということ。たとえば算数・数学の場合、計算だけでなく、４つの領域すなわち「数と計算」「量と測定」「図形」「数量関係」をバランス良く学ぶことを理念としている。定規の使い方、グラフの読み取り方などのプリントもある。

もう１つは、学研教室では「教える」ことがタブーではないということ。各自がプリントを進めるという意味では自学自習のスタイルだが、生徒の理解度に応じては指導者が口頭で個別に教える。プリント上にも説明が比較的詳しく書かれている。

プリントへの取り組み方にも両者の理念の違いが表れる。公文式がその子の能力に合わせて毎日取り組むプリントの枚数を調整しているのに対し、学研教室では、教室では各教科１日２枚、家庭では各教科１日１枚と決まっている。公文式では決められた時間内で解くことを求めるが、学研教室では速さを求めない。むしろ「慌てないでね」「いい字を書こうね」と指導する。

中学教師、中学受験塾講師の経験を踏まえ、川上さんは公文式を「早期に計算能力を一気に鍛えるにはいい。計算力に焦点を絞っていれば、公文式のような効率的な指導ができるのかもしれません」と評価する。

一方で、「公文式は受験勉強を楽にするために計算力を養うことを目的としたプログラム。学研教室は学校に寄り添い、地域の教育をサポートする立場。目的がまったく違う。その意味で、私としては公文式を競合だとは思っていません。高学年になって図形がわからないと言って、公文式から学研教室にやってくる生徒もいます。低学年の場合には、『公文式は宿題が多いから』という理由で学研教室にやってくる生徒もいます。公文式は、ときどき生徒を回してくれるところという感じです」と笑う。

公文式に対する明確なアンチテーゼ

もう1つ、似たようなしくみをもつ学習教室に「ガウディア」がある。2006年に日能研関東と河合塾グループが共同出資会社を設立。2009年にフランチャイズ教室の展開を始めた。

週2回教室に通い、算数と国語の無学年のプリント教材に自学自習スタイルで取り組む点は、公文式とも学研教室とも似ている。１日あたりのプリント枚数に上限を設定したうえでその範囲内で量を調整するところは、公文式と学研教室の折衷《せっちゅう》といったところ。しかし教材設計のコンセプトは明確に公文式のアンチテーゼである。

フランチャイズ展開開始直後に作成された、ガウディアのパンフレットとコンセプト・ブックが手元にある。

パンフレットでは、「いきなり計算問題はやらない」「パターン学習ではない」「イメージして意味を理解する」「知識の活用力を高める」などのメッセージを強調する。指導形態は似ているが、公文式が１９７０年前後にあえて捨てると決断した部分を主目的にしている点で、実は真逆の学習法であると言える。

コンセプト・ブックでは、国際的な学力調査で日本の子供たちの「活用力」不足が指摘されていることを根拠に、「大手学習教室の指導メソッドが教育トレンドに合っていない」と一刀両断する。大手学習教室が公文式を示すことは明らかだ。

その大手学習教室のメリットとデメリットを次のように整理している。

＜メリット（利点としてとらえられていること）＞
・学習習慣が定着する
・計算が速くなる
・何学年も先の学習ができる
＜デメリット（多くの保護者が指摘したこと）＞
・試行錯誤が苦手
・一度解いた以外の問題を解くことが苦手
・パターン学習を重視しているため、正答できるが、理解していないことが多い
・指導が楽な分野しか教えていない
・字が雑になる

名指《なざ》しはしていないが、公文式と学研教室と思われる「大手学習教室」2つとガウ

ディアを、「本質的な理解」と「学習単元」の2軸で区切った4象限上に配置して比較した図も掲載されている。それによれば、ガウディアと学研教室は「本質的な理解が高く学習単元が多い」領域に配置されているが、公文式は「本質的な理解が低く学習単元が少ない」領域に配置されている。

そのほか、現在人気の低学年向け学習教室としては「花まる学習会」と「玉井式国語的算数教室」が挙げられる。ただしいずれも集団授業方式であり、指導形態は公文式や学研教室、ガウディアとはまったく違う。

「花まる学習会」の授業は、計算ドリルあり、漢字ドリルあり、四字熟語の音読あり、作文あり、平面パズルや立体パズルでの作業あり。教科に関係なく、次から次へとさまざまなアクティビティをハイテンションでこなしていく指導が特徴だ。長期休みには野外体験教室も開催する。「メシが食える大人」そして「魅力的な人」を育てることをコンセプトにしている。佐賀県武雄《たけお》市の公立小学校に花まる学習会のメソッドが導入されたことでも話題になった。

「玉井式国語的算数教室」は、「9歳までにイメージング力を身に付ける」がコンセプト。そのために書き起こされた本格的な長編児童文学を読みながら、その中にちりばめられた算数的要素を学ぶ形式。ときにアニメーションまで活用する。イメージする力を働かせながら、読解力と算数力を同時に高めるのだ。土井式国語的算数教室から派生した図形教材「図形の極み」は数学大国インドの公立小学校でも採用されている。

ちなみに、公文式としては、「競合はない」というスタンスを貫いている。「公文式では文章題ができない、図形問題がわからない」と指摘されても、「そもそもそれは公文式の目的の範疇外である」として反論もしない。それはその通りなのである。

「幼児方程式」への社会的批判と方向転換

名指しで公文式を批判する本もいくつか出版されている。１９８５年発行の『苦悶する公文塾　「自学自習」の理想はいずこ』（一光社）、１９９４年発行の『危ない公文式早期教育』『公文式〝プリント狂〟時代の終わり』（いずれも太郎次郎社）など。『苦悶する公文塾　「自学自習の理想はいずこ」』と『公文式〝プリント狂〟時代の終わり』の著者は、公文式で教材開発を担当していた平井雷太《ひらいらいた》氏だ。創始者・公文公と の直接のやりとりなどを含めて、公文式の内幕を暴露している。『危ない公文式早期教育』の著者は現・世田谷区長の保坂展人《ほさかのぶと》氏だ。1990年代の早期教育ブームの火元を公文式だとにらみ、取材を重ね、検証している。

企業としての体質や指導法についての批判もあるが、主な論旨《ろんし》としては、「進度一覧表」に象徴される「低学年で難しいことをできる子供が優れている」「速く進む子が優れている」という価値観への批判、そしてその価値観を前提に親の不安を煽《あお》り、早期教育へと駆《か》り立てることへの批判である。

最初は「小4方程式」といって小学4年生で方程式が解けるようになることを公文式の成果として誇っていたが、そのうち「幼児方程式」といって二歳児にまで方程式を解かせて悦《えつ》に入る創始者の姿勢が皮肉たっぷりに描かれている。進度一覧表にわが子の名を載せるために次から次へとプリントをやらせようとする親の異常さや、そのせいで情緒不安定になっていく子供たちの姿が強調されている。

平井氏や保坂氏の問題意識には私も深く共感する。

「方程式があれば簡単に解ける問題をなぜわざわざつるかめ算で解くのか意味がわからない」と公文公は言うが、私に言わせれば「幼児が方程式を解けることにどんな意味があるのかわからない」。中学生になればみんなできるようになるのである。なぜそれまで待てないのか。

子供たちの無限の可能性を表す「競技記録」として「進度一覧表」があることは理解できるが、その上位者を集めて懇談会を開き、特別扱いするところまでいくと理解に苦しむ。

公文式に熱心に取り組みその成果として多くの同級生よりも先に進んでいる子供を個別に褒めるのなら話はわかる。しかしそのほかの子供や保護者にまでそのことを伝える必要はまったくない。「速く進む子が優れている」という価値観を浸透させ、競争心を煽り、その反動として焦りをかき立てるだけだろう。

努力のプロセスよりも成果の大きさが評価の対象とされる価値観の中で、子供たちは何を学ぶというのか。

子供たちの可能性を追求すると言えば聞こえはいい。しかしそれが学歴社会における競争圧力や保護者の強迫《きょうはく》観念と融合《ゆうごう》すると、子供たちの逃げ場はなくなる。子供本人の自由意志に基づき、かけっこが速くなりたい子供に走り方を教えることや楽器を上手に弾けるようになりたい子供にどんどんレベルの高い曲を教えていくのとはわけが違う。可能性を追求したいのは子供たちではなく、大人のエゴだからだ。

一歩間違えれば文字通りの「スパルタ式教育」になりかねない。「スパルタ式教育」とは、古代ギリシャの都市スパルタで、生まれた直後から戦闘に最適化された兵士を育成するために考案された教育のことである。

あるいは「猿回し」にたとえてもいい。猿が「反省」して見せたり、拍手してみたりするのは、自発的行動ではない。人間のエゴのために文字通り猿まねさせられているに過ぎない。見ているほうは「すごい」と思うが、猿自身は楽しくもなんともない。

子供たちの計算力だけに着目し、「どれだけ幼くしてどれだけ高度な計算ができるようになるのか」という自己のマニアックな好奇心のために１００万人を超える子供たちの一覧表を作成しほくそ笑むのであれば、その姿は「マッドサイエンティスト」

と呼ぶのにふさわしい。

私は平井氏や保坂氏の批判本からのみこの問題意識を感じ取ったのではない。公文公の自著『公文式算数の秘密』からも危険な香りは十分に漂《ただよ》っているのだ。話題を呼ぶためにあえてだいぶ煽った表現を使用していることは差し引いたとしてもである。

公文式が「計算力」を確実に向上させるためのプログラムであることはよくわかる。そのために公文公が考え出した数々の仕掛けも合理的である。そして計算力を高めておくことで、算数や数学が得意になり、高校受験や大学受験で有利になることにも大筋《おおすじ》で異論はない。

しかも彼は決して歩みの遅い子を見捨てているわけではない。むしろそのような子供たちを英才に仕立て上げることに至上の喜びを感じていることが伝わってくる。本当に子供たちの可能性を信じ、微笑ましく見守っているのである。

「母親にやる気さえあれば、毎日三〇分程度、公文式の学習をつづけることによって、普通児でもその八〇パーセントは秀才になるし、一流大学へ進学できる可能性がでてくるのである」などと、子供の学力は母親次第と言わんばかりの言い回しで理想の「教育ママ」になる方法を説《と》くが、決して子供を追いつめてまでやらせろと言っているわけではない。子供への接し方については、心理学的に考えても合理的な作法が説明されている。

しかし計算力というごく限られた能力だけに注目し、そのごく限られた分野において速く進む子ほど優秀であるという価値観の上に保護者とその子供たちを立たせ、そこから見える風景を一般化して教育や子育ての理想を語ることへの違和感は、どうしても拭えないのである。

そこにまったく悪気がないことはわかっている。公文公の目線の先は常に子供を向いており、「子供に損をさせることはあってはならない」「会社の利益より子供の利益」という信念をもっていたことは当時を知る公文式関係者の数々の証言からもたしかである。しかし、何が子供にとっての「利益」で、何が子供にとっての「損」なのか、その前提がときどき違うような気がするのだ。

平井氏や保坂氏の違和感もきっとそこにあったのだろう。その違和感を象徴的に表現している部分を『危ない公文式早期教育』から引用する。保坂氏が、胎教も含めた早期教育の効果について、公文公本人をインタビューするシーンである。

> 「このごろの子どもは泣かないですよ」と公文氏は身をのりだしてきた。とっさに私は、そのことばの意味をわかりかねていた。「子どもが泣かない、それは異変ではないのか」と思ってしまう。ところが、公文氏は真顔で私に同意を求めてくる。「子どもが泣かない」ことは、公文氏にとって肯定的な驚きであり、また人類の進化である——とでも言いたげな表情だ。ようやく、公文氏の意図が伝わってきたとき、私は、愕然とした。

　私が保坂氏の立場であったとしても同様に愕然としたことだろう。博識であり、歩くビッグデータ解析マシンのような頭脳をもつはずの公文公という偉人が語るには迂《う》闊《かつ》なほどに断定的な価値観であるし、その教育的視野には大きな死角《しかく》があることがうかがえるのである。

　ただし忘れてはいけないのはこれらの批判本が発行されたのは20年以上も前だとい

うことだ。少なくとも現在の公文式からは、過度に子供たちを競わせるようなムードは感じない。成績優秀者だけを特別扱いしているようにも見えない。進度一覧表の上位者を多数輩出する教室の指導者が威張《いば》っているという話も聞かない。

早期教育ブームとその当然の反動としての早期教育批判の中で、実は公文式は、幼児早期教育の効果を前面に打ち出すことをやめたのだ。これについて前出の新村さんは、「あのときの対応は見事だった」と評価する。ほかの幼児教室の中にはそれでも方針を変えず、大批判の的《まと》になったところもあった。

批判を浴び、公文式が幼児早期教育へのトーンを下げ、小学生ターゲットに回帰していく様子は、保坂氏の著書にも描かれている。それによれば、その舵《かじ》取りをしていたのが公文公の長男で当時社長の立場にあった公文毅だったようだ。公文式の生徒の第1号としてその功罪《こうざい》を誰よりも実感しているはずの公文毅が、どんどん前のめりになっていく公文式の早期教育にストップをかけた。このことが何を意味するのかは非常に興味深い。

公文公と毅が続けざまに亡くなったのは、このほんの数年後だった。

公文式で身に付く、「計算力」よりも価値あるもの

「公文式とは何か？」というパズルのピースを集めてきた。ここまでお付き合いいただいた読者の頭の中にも、パズルの全容《ぜんよう》が見えてきているのではないだろうか。魅力も落とし穴も見えているはずだ。これ以上を語ることは蛇足《だそく》になりかねないが、仮に私なりの表現でまとめてみることで、本書を締《し》めくくりたい。

便宜《べんぎ》上、算数・数学に限って言えば、公文式とは、子供の能力のごくごく一部である「計算力」を効率よく向上する目的に特化して作られた究極的にシンプルな「専用ツール」である。それ以上でもそれ以下でもない。

しかしそのツールを使いこなす過程において、副産物がもたらされる。コツコツと続ける力、そして、教えてもらうのではなくヒントから類推し自ら気付く力。すなわち「学習習慣」と「自学自習」の姿勢である。この、いろいろなことに応用可能な副産物が、子供の無限の可能性を拓く。

最近アメリカの心理学者が唱える「ＧＲＩＴ」という概念が注目されている。もともとは「やり抜く根性」のようなニュアンスをもつスラングである。才能よりも「Ｇ

RIT」が、人生のあらゆる成功を決めるという。公文式で得られる副産物が、まさに「GRIT」なのではないだろうか。

第3章の最後に、公文式で鍛えられる人間の力はいずれ人工知能に超えられるという見通しを述べた。公文式が元来育てようとしていた人間の能力は、現在人間が人工知能に担わせようとしている能力に極めて近い。その精度をこれ以上上げることにはあまり意味がないだろう。今後公文式の価値は、副産物のほうに重点が置かれ、評価されるようになるはずだ。

ただしその副産物は、勉強によってのみもたらされるわけではない。楽器演奏でもスポーツの練習でも、継続的に課題に取り組むことで得られる。その意味では、あらゆる習い事が公文式の競合ということになる。

また、公文式は、説明が必要なことを一切教材から排除した。学習から「理解」という概念を消去した。理解する喜びの代わりに、先に進む達成感を、報酬として設定した。だから理解力の乏《とぼ》しい子供でも、とにかくひたむきに取り組めば、学習から擬似的に快感を得られる。それが、公文式が世界中でどんな学力層の子供たちにも受け入れられる普遍性の秘訣《ひけつ》である。

物心つくころから公文式の学習方法に慣れていれば、「与えられた課題はとにかくやるもの」という考えが体に染みつく。面倒くさくても逃げずに課題に取り組む忍耐力も鍛えられる。計算力に代表される処理能力は当然高くなる。これが、「受験工学」に基づき受験を攻略する「塾歴社会」を勝ち抜く3条件にぴったり合致する。塾歴社会の勝ち組に、公文式出身者が多いのは当然なのだ。

だからといって、公文式出身者がみんな塾歴社会の勝ち組になれるわけでもない。公文式での学習が塾歴社会で効果を発揮するためには、少なくとも3学年分は先に進んでいないと意味がないことは忘れてはいけない。公文式に通う子供たちがみんなそのレベルに到達するかというと、そうではない現実がある。その差は、指導者の力量、親の力量、そして子供の素質によるところがやはり大きいようだ。

公文式の3つの弊害とは？

大きな魅力がある一方で、教材の構造上、公文式がもたらす弊害には、以下の3つがあると私は思う。

1　理解を深める楽しさを奪う
2　完璧主義になる
3　便利な道具に頼ってしまう

「1　理解を深める楽しさを奪う」について。

そもそも公文式は「ごくどう者」を自称する公文公が考えた学習法だ。「勉強は楽しいもの」ではなく「勉強はやっかいなもの、さっさと終わらせてしまいたいもの」という思想の上にできた。公文式をやっていて楽しいのは、わかるからではない。どんどん前に進むことが楽しいのだ。

気になるところにとどまって、さらに難しい問題に挑戦したり、発展的理解を深めることよりも、一定の水準に達したらどんどん先に進むことを良しとする。「ものすごく難しい問題」には挑戦しなくていい。難しいことを理解することそのものに喜びを感じるタイプの子供には物足りないだろう。

ちなみに知り合いの数名の数学者に公文式に対する印象を聞いてみたが、公文式をやっていたという人はいなかった。

「２　完璧主義になる」について。

ある教室で、何度もやり直しをして、目から生気が消えてしまった少女を私は見たことがある。おそらく４～５歳。先生の顔をのぞき込みながら、答えを当てに行く姿勢になってしまっていた。先生が威圧的だったわけでもないのに、ミスを恐れながら答えを書いているのがわかった。

１００点満点を取るまで次に行けない。帰れない。常に「ノーミス」を求められる。公文式において「１００点」とは、最高到達点ではなく、ミニマムラインなのだ。

たしかに「ミスをしない」ことが受験に成功するにはもっとも効率的な方法である。しかし、この国の過度に競争的な受験システムの負の側面を無批判に受け入れ、しかも助長するようでは困る。ノーミスを求める完璧主義な学習法に過剰適応することで、完璧でないと前に進めなくなってしまったり、減点法の人生観が身に付いてしまったりするのだとしたら、計算力と引き替えに失うものは甚大だ。

「3　便利な道具に頼ってしまう」について。

つるかめ算はたしかに面倒くさい。しかしあれは、方程式という高級で便利な道具を持っていない小学生が、自分の持っているあり合わせの原始的な道具を組み合わせ、なんとか対処するための訓練なのだ。置き換えの概念を使ってもいいし、てんびんの考え方を利用してもいいし、面積図を利用してもいい。

某名門中高一貫校の理科室には、あえて最新の実験器具を置いていない。ボタン1つを押すだけで数値がわかる実験器具は便利だが、学校での実験の目的は数値を求めることではなく、その過程を学ぶことだからだ。その学校ではあえて原始的な実験器具を組み合わせ、数値を求める訓練をする。そうすることで、そもそもどういう原理でその数値が求められるのかがわかるし、手持ちの道具でなんとかする力が身に付く。

同様に、せっかく四則《しそく》計算という原始的な道具を得た小学生に、それを自在に使いこなす機会を与えないのはもったいない。原始的で単純な道具でも、組み合わせればいろんな問題に対処できることを学ぶことに、大きな意味がある。

小学校段階を初等教育と呼び、中学校・高校段階を中等教育と呼ぶのが、世界標準であり、教育学の常識だ。著名な心理学者ピアジェは、7〜11歳くらいを具体的操作期、11歳以降を形式的操作期と呼んで区別した。11歳くらいまでの子供は目に見える具体的なものしか扱えないが、11歳を過ぎたころから抽象的な思考が可能になるということだ。

だから初等教育では、「りんごがいくつ、みかんがいくつ、あわせていくつ」などと目に見える具体的なものを取り扱う。理科でも社会でも、基本的に目に見える具体的なものを題材にする。それが中等教育になると、文字式、正負、方程式、平方根など、抽象的な概念を取り扱うようになる。水はH_2Oになり、食塩は$NaCl$になる。

初等教育段階で得た道具を総動員して解くのがたとえばつるかめ算なのであり、中等教育段階で得た理論を総動員して解くのがたとえば微積分であるわけだ。

鶴と亀の足の本数を面積という概念に転換するのがつるかめ算であり、物体の運動を面積という概念に転換するのが微積分である。某有名進学校の数学の教師は「つるかめ算と微積分の考え方は非常に似ているんです。つるかめ算をやってきた子供たちは、微積分的な頭の使い方がすでに身に付いているので、教えやすいんです」と証言する。

それなのに、初等教育の総仕上げをすっ飛ばし、本来中等教育段階でやっと与えてもらえるはずの便利な道具を前借りしてしまうことは、子供たちが「手持ちのものでなんとか工夫する」機会を奪ってしまいかねない。

小学生がつるかめ算を解く意味については、第4章で松崎さんが元塾講師の立場から詳しく説明してくれたが、私はよくロールプレイングゲームにたとえる。一撃必殺の「魔法の剣」のようなものがあれば、強大なボスキャラだって簡単に倒せる。しかし普通の鉄の剣と弓矢と盾しかない中で、ボスキャラを倒すには、知恵と度胸が必要だ。方程式は「魔法の剣」、つるかめ算は普通の剣と弓矢と盾を駆使《くし》して戦う手間のかかる戦法だ。

いつも用意周到で人生を歩むことなどできない。想定外は突然襲ってくる。そのときに、手持ちのものでなんとか対処する知恵と度胸がものをいう。それこそが「生きる力」ではないかと私は思う。

高校受験や大学受験にはたしかにつるかめ算は必要ないが、だからといって子供の成長を考えたとき、つるかめ算が不要とは言いがたい。象徴的に言えば、そこに、公文式いや創始者・公文公の死角があったのではないだろうか。

否。公文公ほどの人がそれを理解していなかったはずがない。きっと公文式の効力を強調したいがために、あえてそこを無視して、強烈な言葉を放っていたのだろう。しかし言葉はときに一人歩きする。それによって早期教育に走る親子が一時的にでも増えたのだとしたら、それは公文公の功罪の罪の部分であろう。

現在の公文式関係者と話をしていると、右記3点については十分に自覚しているようだ。これらの指摘を関係者にぶつけても、向きになって否定するようなことはない。「それはそうかもしれない……」と前置きして、「公文式は決してそれだけやっていればいい教育法ではありません。公文式ではできないことがたくさんあることは自覚しています。しかし、公文式を続けていくことで、計算力を向上し、自信を付け、自学自習もできるようになれば、子供たちの可能性は必ず無限に広がると私たちは考えています」と真摯《しんし》な答えが返ってくる。

この信念が、社員にも指導者にも浸透していることが、公文式の財産であり、だからこそ、他事業者にはなかなかまねができないのだ。

取材に応じてくれた公文式関係者は、答えづらいだろう質問にも、包み隠さず、飾らず、一つ一つ丁寧《ていねい》に答えてくれた。信念があればこそ、できることだ。

くり返す。公文式とは、子供の能力のごくごく一部である「計算力」を効率よく向上する目的に特化して作られた究極的にシンプルな「専用ツール」である。それ以上でもそれ以下でもない。

それをどう使うのかは私たち次第である。公文式の良いところも悪いところも知ったうえで、公文式をどう評価し、どう活用するか。それはそのまま、自分の教育観の表明になるだろう。

「学ぶことを楽しんでほしい」「強制ではなく自らやるようになってほしい」「パターンの暗記ではなく考えながら勉強してほしい」などと大人は言う。自分の子供のころのことは完全に棚《たな》に上げて。

たしかにそうなれば理想的ではある。しかし子育ては理想通りにはいかないもの。そんなとき、公文式が1つの解決法になるかもしれない。

公文式だって完璧な学習法ではない。しかし少なくともある局面には効果がある。特に低学年のうちに基本的な四則計算の能力と学習習慣が身に付くことは、それだけでも大きな魅力だ。もちろん公文式で最終教材まで修了し、自信をもって世界に飛び立つのであれば、それもいい。

公文式に振り回されるのではなく、公文式を子供の成長や学びの体験を支える1つのツールとしてうまく活用できるのなら、害になることは少ないはずだ。

どこの街を歩いても見かけるあの水色の「ＫＵＭＯＮ」の看板は、今日もあなたに問いかける。「自信をもって子育てしていますか？」「世界中の子供たちが通い、東大生の1／3が通う教室が目の前にあるのに、それを無視するだけの確固たる教育方針や教育メソッドがおありですか？」と。

答えがＹＥＳならそのまま素通《すどお》りすればいいし、答えがＮＯなら教室を覗《のぞ》いてみればいい。しかし問い自体に気付かないふりをして素通りするべきではない。

大切なのは「やる・やらない」よりも「目的と理由」

「公立の小学校に進むか、私立小学校に入るためにお受験するか。どちらがいいのでしょうか？」

　レギュラー出演している地方ラジオ局の子育て相談コーナーで、このような相談を受けた。私は次のように答えた。

「私立の小学校と公立の小学校ではやっぱり雰囲気が違いますし、教育内容も違います。だからといって絶対的にどちらがいいという話ではありません」

　すると子育て中のラジオＤＪから、「私立に行くか公立に行くかで子供にはどんな影響があるんでしょうか」という質問が出た。これについてはこう答えた。

「たまたま我が家に来てくれた子供を自立した大人に育て、社会にお戻しする。それが子育ての最終目的です。海沿いを通る道を歩いたのか、山道を歩いてきたのか、その目的地に着くまでに通ってきた道が違えば、それまで見えていた風景も当然違います。しかし大事なのは自分が歩いてきた道で何を見て、感じて、得たのかです。どんなに素晴らしい風景の中の道を歩いていても、ぼーっとしていたり、歩きスマホをしていたりしたら、その道から何も得られません。殺風景《さっぷうけい》な道を歩いていても、常に好奇心をONにして、意欲的に歩んでいれば、道ばたの名もない美しい花に気付くことができるかもしれません。それがその人の人生を輝かせてくれるかもしれません」

するとと今度は「そうは言っても、ママ友から『おたくはお受験しないの？』と聞かれると、『やっぱり私立小学校のほうがいいのかな？』などと焦ってしまうという声も多いように思うのですが」との質問。こう答えた。

「私立小学校のことを調べもせず、なんとなく『小学校までは公立でいいでしょう』という気持ちでいると、『私立小学校のほうがいい教育をしているらしい』という噂を聞いたときに、家庭の教育方針が大きくぶれることになりかねません。公立に進むのでも、私立に進むのでも、『うちはこういう理由でこちらの道を選んだのだ』と自信をもって言えることが大事です。それぞれの選択肢について情報を得て、比べて、結局どちらの道を選ぶのかを決めれば、他人がどの道に進もうと、気にならないはずです。他人に聞かれて焦ってしまうということは、そもそもお受験をすべきかどうかをご家庭でしっかり議論していないということではないでしょうか」

中学受験する・しないも同じだ。高校受験や大学受験で進路を選ぶことだって同じだ。自信をもって選択するには、目的と理由を明確にする必要がある。そういう思考をくり返すことで、それぞれの家庭の教育観が形成されていく。

「公文式をやる・やらない」「公文式を続ける・やめる」も、「子育てで大切にしたいことは何か」「わが家の教育方針は何か」を考えるきっかけになるのではないだろうか。「やる・やらない」「続ける・やめる」は結論でしかない。大切なのは、「何のため」「どうして」である。

おわりに

公文公《とおる》記念館の2階、南向きの角部屋に、公文毅《たけし》の書斎がある。公文式の創始者・公文公の長男であり、公文式の第1号生徒であり、長く公文教育研究会の代表取締役社長を務めていた。

本書の執筆のためにさまざまな資料に当たる中で、公文公の言葉や考え方に触れることは難しくなかった。数々の著書や逸話《いつわ》が残されているからだ。しかし、公文毅に関する情報は非常に少ない。

1946年　奈良に生まれる。1972年　神戸大学経済学部卒業後、野村證券株式会社勤務を経て、有限会社公文数学研究会入社。1974年　同研究会・福岡事務局初代事務局長に就任。1978年　有限会社公文数学研究会代表取締役社長に就任。1983年　株式会社公文教育研究会代表取締役社長に就任。著書に対談集『どんな人間がこの時代を生きぬくか』（河出書房新社）がある。

公文公にとって公文式が自分の子供のような存在なら、公文毅にとって公文式は自分の分身のような存在だろう。

毅は、公文式の成果の体現であることを宿命づけられていた。しかし公が公文式の成果の代名詞として連呼していた「東大」には入学していない。社会人になって何か特別な業績を残したわけでもなく、父親の会社に入った。

公文式批判本の一節には、公との比較の文脈で、毅が「優しいよき家庭人の顔をもつ常識人であるように見える」とある。

毅の部屋にはサックスや登山用品、ヨットやスポーツカーに関する雑誌や写真が置かれていたりと、多趣味であったことがうかがえる。お酒も好きだったという。飲み交《か》わしたら、きっと楽しい人だったのだろうと、私は勝手に想像し、もうそれができないことを少し残念に感じた。

毅は、生前よく自分の多趣味を話題にして、「公文式をやっていたおかげでたいていのことは自分で調べて習得できるようになった」と話していたという。それが毅にとっての公文式の成果であったというのだ。

これがすべてではないかと私は思う。公文式の成果とは、幼児に方程式を解かせることでも、たくさんの生徒を東大に送り込むことでもない。自分の好きなことを自分でできる人間が育つ。それで十分。広がる可能性は文字通り無限大なのだから。

そのことをいちばんよくわかっていたのが毅だったのではないだろうか。

公の生前の公文式には、公のややエキセントリックな教育観が前面に出ていた時期があったようだ。しかし現在の公文式から感じられる優しさやおおらかさは、毅に由来するもののような気がする。

毅が公文式のトップに立ったのは実質的にたった2年間だったが、その間に毅は、公文式に何か小細工をしたのではないだろうか。父親の宝物のプラモデルをこっそり自分の好きな色に塗り替えてしまったいたずらっ子の息子のように。

父親が気付いたら激怒したかもしれない。しかし、実はそれがファインプレーだった。父親が発明した尖った教育法に、息子が柔らかい手触りを加えた。こうして世界中で愛される教育法が完成した……。

今ごろ2人は天国でこんな話をしているかもしれない。

「お前、勝手に色、塗り替えただろ！」

「あ、気付いちゃった？　でもいい感じでしょ」

「うん、まあ、そうだなあ……」

「公文式とは何か？」。ここで蛇足として、本編とは違う結論を述べさせてもらえば、私には、強い絆で結ばれた父と子の物語であるように感じられるのだ。

２０１６年12月

おおたとしまさ

〈参考文献〉

『２０２０年の大学入試問題』（石川一郎著、講談社刊、２０１６年）
『ＧＲＩＴ　やり抜く力』（アンジェラ・ダックワース著、神崎朗子訳、ダイヤモンド社刊、２０１６年）
『危ない公文式早期教育』（保坂展人著、太郎次郎社刊、１９９９年）
『英語で学べば世界が見えてくる　スイス公文学園高等部の英語』（渡邉博司著、くもん出版刊、２０１５年）
『近代日本の教科書のあゆみ　明治期から現代まで』（滋賀大学附属図書館編著、サンライズ出版刊、２００６年）
『公文式〝プリント狂〟時代の終わり』（平井雷太著、太郎次郎社刊、１９９０年）
『公文式がわかる　改訂版』（公文公教育研究所著、くもん出版刊、２００９年）
『苦悶する公文塾「自学自習」の理想はいずこに』（平井雷太著、一光社刊、１９８５年）

『子ども〝自学〟する力を育むKUMON』(多賀幹子著、PHP研究所刊、2014年)
『小学生でも方程式がとける　公文式算数の秘密』(公文公著、廣済堂出版刊、1974年)
『スイスの山の上にユニークな高校がある　スイス公文学園高等部の秘密』(大西展子著、くもん出版刊、2010年)
『東大生が選んだ「算数」「数学」勉強法』(東大家庭教師友の会著、PHP研究所刊、2015年)
『どんな人間がこの時代を生き抜くか　生きる力をつける18の知恵』(公文毅著、河出書房新社刊、1997年)
『模倣の経営学　偉大なる会社はマネから生まれる』(井上達彦著、日経BP社刊、2012年)
『やってみよう　子供の知的可能性を追求して』(公文公著、くもん出版刊、1991年)
「くもんのヒミツがわかる本」(eduコミュニケーションMOOK、小学館刊、2011

年）
「スイス公文学園高等部　ｂｙ　ＡＥＲＡ」（ＡＥＲＡムック、朝日新聞出版、２０１５年）
須永辰美（１９８８）．黒表紙教科書の内容構成の原理　教授学の探究,6:17-54

切りとり線

★読者のみなさまにお願い

この本をお読みになって、どんな感想をお持ちでしょうか。祥伝社のホームページから書評をお送りいただけたら、ありがたく存じます。今後の企画の参考にさせていただきます。また、次ページの原稿用紙を切り取り、左記まで郵送していただいても結構です。

お寄せいただいた書評は、ご了解のうえ新聞・雑誌などを通じて紹介させていただくこともあります。採用の場合は、特製図書カードを差しあげます。

なお、ご記入いただいたお名前、ご住所、ご連絡先等は、書評紹介の事前了解、謝礼のお届け以外の目的で利用することはありません。また、それらの情報を6カ月を越えて保管することもありません。

〒101－8701（お手紙は郵便番号だけで届きます）
祥伝社新書編集部
電話03（3265）2310
祥伝社ホームページ　http://www.shodensha.co.jp/bookreview/

★本書の購入動機（新聞名か雑誌名、あるいは○をつけてください）

＿＿＿＿新聞の広告を見て	＿＿＿＿誌の広告を見て	＿＿＿＿新聞の書評を見て	＿＿＿＿誌の書評を見て	書店で見かけて	知人のすすめで

★100字書評……なぜ、東大生の3人に1人が公文式なのか?

					名前
					住所
					年齢
					職業

おおたとしまさ

育児・教育ジャーナリスト。1973年東京生まれ。麻布中学・高校卒業。東京外国語大学英米語学科中退。上智大学英語学科卒業。リクルートから独立後、数々の育児・教育誌のデスクや監修を歴任。学校や塾、保護者の現状に詳しく、各種メディアへの寄稿、コメント掲載、出演も多数。心理カウンセラーの資格、中高の教員免許、小学校教員の経験もある。著書は『名門校とは何か？』(朝日新聞出版)、『ルポ塾歴社会』(幻冬舎)、『追いつめる親』(毎日新聞出版)、『中学受験という選択』(日本経済新聞出版社) など。

なぜ、東大生《とうだいせい》の3人に1人が公文式《くもんしき》なのか？

おおたとしまさ

2017年2月10日　初版第1刷発行

発行者……………辻 浩明
発行所……………祥伝社《しょうでんしゃ》
〒101-8701　東京都千代田区神田神保町3-3
電話　03(3265)2081(販売部)
電話　03(3265)2310(編集部)
電話　03(3265)3622(業務部)
ホームページ　http://www.shodensha.co.jp/

装丁者……………盛川和洋
印刷所……………堀内印刷
製本所……………ナショナル製本

造本には十分注意しておりますが、万一、落丁、乱丁などの不良品がありましたら、「業務部」あてにお送りください。送料小社負担にてお取り替えいたします。ただし、古書店で購入されたものについてはお取り替え出来ません。

Printed in Japan ISBN978-4-396-11495-4 C0237

〈祥伝社新書〉
教育・受験

360
なぜ受験勉強は人生に役立つのか
教育学者と中学受験のプロによる白熱の対論。頭のいい子の育て方ほか
明治大学教授 **齋藤 孝**
家庭教師 **西村則《のり》康《やす》**

433
なぜ、中高一貫校で子どもは伸びるのか
開成学園の実践例を織り交ぜながら、勉強法、進路選択、親の役割などを言及
開成中学校・高校校長 東京大学名誉教授 **柳沢幸雄**

362
京都から大学を変える
世界で戦うための京都大学の改革と挑戦。そこから見えてくる日本の課題とは
京都大学第25代総長 **松本 紘《ひろし》**

479
東大VS京大 その〝実力〟を比較する
日本の大学の双璧を徹底比較！　両校は、なぜトップに君臨し続けるのか？
京都大学名誉教授 京都女子大学客員教授 **橘木俊詔**

489
教育費破産
大学生の2人に1人が奨学金だのみの現状。高騰する教育費にどう立ち向かうか？
安田賢治

〈祥伝社新書〉
語学の学習法

312
一生モノの英語勉強法
「理系的」学習システムのすすめ
京大人気教授とカリスマ予備校教師が教える、必ず英語ができるようになる方法
京都大学教授 鎌田浩毅
研伸館講師 吉田明宏

405
一生モノの英語練習帳
最大効率で成果が上がる
短期間で英語力を上げるための実践的アプローチとは？　練習問題を通して解説
鎌田浩毅
吉田明宏

331
7カ国語をモノにした人の勉強法
言葉のしくみがわかれば、語学は上達する。語学学習のヒントが満載
慶應義塾大学講師 橋本陽介

426
使える語学力
7カ国語をモノにした実践法
古い学習法を否定。語学の達人が実践した学習法を初公開！
橋本陽介

383
名演説で学ぶ英語
リンカーン、サッチャー、ジョブズ……格調高い英語を取り入れよう
青山学院大学准教授 米山明日香

〈祥伝社新書〉
話題のベストセラー！

412
逆転のメソッド
箱根駅伝も
ビジネスも一緒です
箱根駅伝連覇！　ビジネスでの営業手法を応用したその指導法を紹介
青山学院大陸上競技部監督
原　晋

491
勝ち続ける理由
一度勝つだけでなく、勝ち続ける強い組織を作るには？
原　晋

420
知性とは何か
日本を襲う「反知性主義」に対抗する知性を身につけよ。その実践的技法を解説
作家・元外務省主任分析官
佐藤　優

415
信濃が語る古代氏族と天皇
日本の古代史の真相を解く鍵が信濃にあった。善光寺と諏訪大社の謎に迫る
歴史作家
関　裕二

440
日韓　悲劇の深層
「史上最悪の関係」を、どう読み解くか
西尾幹二
呉　善花